AF409783

9 789948 799818

عندما أصبحت رجلاً

نورهان نشأت فكري

عندما أصبحت رجلاً

مجموعة قصصية

إصدارات دائرة الثقافة، حكومة الشارقة 2023 م

الناشر: دائرة الثقافة ـ حكومة الشارقة ـ الإمارات العربية المتحدة

الهاتف: 5123333 6 971+

البرّاق: 5123303 6 971+

الموقع الإليكتروني: www.sdc.gov.ae

البريد الإليكتروني: sdc@sdc.gov.ae

____

813.01

ف ن . ع

فكري، نورهان نشأت

عندما أصبحت رجلاً / نورهان نشأت فكري.ـ الشارقة، الإمارات العربية المتحدة : دائرة الثقافة، 2023.

156 ص؛ 21X14 سم.

البحث الفائز بالمركز الثالث بجائزة الشارقة للإبداع العربي في مجال القصص، الإصدار الأول، الدورة 26، 2022 – 2023.

1 – القصص العربية القصيرة – مصر

2 – القصص العربية القصيرة

أ – العنوان

ب – جائزة الشارقة للإبداع العربي (26 : 2022 – 2023)

ISBN: 9789948799818

عندما أصبحت رجلاً

لم أعرف مصدر تلك الدماء المُلطخة لقميصي التي لمحتها لتوّي
وأنا أهرع بين هؤلاء، ربما كانت تلك مجرد خيالات غزلها رأسي،
لكن لِمَ أشعر بسخونة تلك الدماء على جسدي! لا أعرف! كما أنني لا
أعرف إن كنت نمت تلك الليلة، وكان هذا مجرد حلم، أم كانت تلك
مجرد خيالات في رأسي الذي عبثت به قطرات الماء الساقطة من
سقف الردهة أمس؟ كم تمنيت أن يكون الأمر كذلك؛ كانت قطرات
الماء تنقر رأسي في انتظام لأول مرة؛ ولأول مرة أستسلم لموقع
نومي تحتها، ولم أحاول إزاحة أجساد إخوتي لأبعد رأسي عنها،
مياه ملابس الجيران المنشورة بعدما اختلطت برائحة روث دجاجهم
الذي يسكن فوقنا، لا أعرف مَن مِن إخوتي كان يقع مكان نومه تحت
هذا المكان البغيض في الردهة! لأول مرة أكون مستيقظاً في هذا
الجزء من النهار، وأنا أراقب بنصف عيني أبي وهو يناول أختي
سيدة المليم لتشتري نصف رطل الحليب، راقبتها وهي تُدخل لأبي
نصف كوب الحليب، وانتظرت أمام باب غرفته حتى يفرغ منه،
ثم ناولها الكوب فارغاً لتبدأ في دورة كل يوم في تقسيم الحليب،
تضع في كوزين رشفة من الحليب وتكملهما بالماء؛ تمنحهما لكمال
وحسن اللذين يسقيان به كسرات الخبز قبل التهامها، ثم تعاود سيدة

الكرة مع نادية وإبراهيم، ثم الكرة الأخيرة لها ولنعمة، لا أعرف لِمَ لم أنهض وأسألهم عن نصيبي! ربما لعلمي أن اليوم سيعوضني، لم أغضب، ولأول مرة لم أغضب منهم، ولكنني لم أستطع منع نفسي من الغضب من أمي التي كانت مستيقظة وحضرت القسمة، وهي تحيك رقعة في قميص أبي، ورغم أنها لم تشاركهم شرب الحليب ككل يوم، لكنها لم تتفوه بأي كلمة تحثهم على أن يتركوا لي ولو رشفة ككل يوم أيضاً! ربما لم يكن يكفي الحليب لرشفة إضافية لي، لكنني لم أستطع منع روحي من الغضب من أمي، ككل يوم حاولت نعمة إيقاظي بعصا والدي، واعتدت على النهوض مفزوعاً فور ما تلمسني العصا، فعصا والدي إن أخرجها من تحت سريره يعني أنها لن تعود مكانها إلا بعدما تحتضن جسدي وأجساد إخوتي أيضاً، فقانونه الذي يتشدق به فخراً «ينضرب ظالم مع مظلوم»، وكانت أمي من ضمن هؤلاء المظلومين فور ما كانت تحاول التدخل للدفاع عنا، لكنها لم تعد تفعل منذ أن نهش المرض جسدها، لكنه اعتاد على إقحامها معنا، لنحتضن بعضنا بعضاً في زاوية بين حائطين، وهو يجول بعصاه يميناً ويساراً، ويلوم أمي على خلقتها السوداء.

كنت أراقب نعمة بنصف عين وهي تقترب مني بالعصا، حينها فتحت عيني ولم تتفاجأ، واكتفت بجملتها:

ـ أخيراً استيقظت يا جحش.

نهضت وبدلت الجلباب بقميص المدرسة والبنطال، ولم أتعجب كثيراً لعدم ملاحظة أحد منهم عدم تذمري ككل يوم من نفاد الحليب،

وعدم تركهم لحصتي، فخرج أبي وفتح الباب ونزلنا خلفه أنا وكمال وإبراهيم وحسن، بينما كانت نعمة وسيدة ونادية يجففن الردهة من الماء، انعطف أبي يساراً إلى عمله، بينما أنا وإخوتي اتجهنا يميناً نحو المدرسة، في الوقت الذي انشغل فيه إخوتي بتبادل التحيات مع أصدقائهم، كنت كالعادة أبحث بعيني عنه رغم علمي بعدم وجوده، فلم أستطع منع نفسي من النظر وهو بالتأكيد ليس في الورشة، ولا حتى كصباح كل يوم يجلس على مقهى عم سلامة كالرجال تماماً يحتسي الشاي، كان يجلس هنا منذ يومين على كرسي بالمقهى بجلبابه المُرقع كالرجال يشرب الشاي، هذا المشروب المخصص للرجال، كلما ظهرت عليه علامات الرجولة يوماً بعد يوم كنت أسأل نفسي كيف لبضعة سنتيمترات أن تجعل من حودة رجلاً، وهو الذي كان في نفس عمري قبل أن يترك الكُتّاب ويبدأ العمل في الورشة، نقرتُ جلبابي عدة نقرات حتى يصبح مليئاً بالرّقعات الملونة كجلبابه المُبهر الذي كان يشبه الأقمشة التي تستخدمها نساء الحارة في تغطية عشّش الحمام حتى لا تُنظر بالعين وتحسد، وتعمدت لفترة طويلة تلطيخ يدي بهباب فحم الكانون قبل النزول للحارة لتُشبه يده التي يلطخها هباب وابورات الجاز منذ عمله في ورشة عم فتحي، لكن لم يكن هذا كافياً لأصبح رجلاً مثله يحظى بحب جميع رجال الحارة واحترامهم، حتى لم يكن كافياً لنكن أصدقاء برغم أن أعيننا التقت مرة، كان المعلم فتحي يضربه حينها، وأنهى له ضربه بصفعة على وجهه، امتلأت عينه بالدموع وهو ينظر لي، حينها التفتّ بعيني للجهة الأخرى، بل بجسدي كله، لم أرغب في أن يلاحظ أنني رأيته يبكي، الرجال قد

يُضربون، ولكن لا يبكون، لكنهم قد يفعلون إن كان ضربهم أمام أعين غرباء، لم أعرفه، أو بالأحرى لم يعرفني هو إلا في ذلك اليوم المشؤوم الذي اجتمع فيه أهل حارة المزينين استعداداً لزيارة البيه، خمسيني لا أتذكر اسمه، بل لم يكن له اسم بين رجال حارة المزينين سوى البيه مدير مكتب الباشا، هكذا كانوا ينعتونه فيما بينهم، زيارة حضّر لها أبناء الحارة لأسبوعين، ورغم أن والدي لا يحب الاختلاط مع أبناء الحارة؛ كونه الأفندي الوحيد فيها، لكنه ذهب معهم بعد طلب من شيخ الحارة بنفسه، ولكنه لم يعر لهذا الاجتماع أي اهتمام، فلم يطلب من نعمة أن تمسح له الطربوش، ولا من أم نعمة أن تمسح حذاءه بالجاز، فمهما كانت هيئته بينهم فهو أعلى منهم، أعلى من أبناء حارة أغلبها حُفاة.

خرج والدي إلى الباب، ثم نظر لإبراهيم وأمره أن يغسل وجهه ويأتي معه، دائماً ما يرغب والدي في أن يكون له ظل في مثل تلك الجلسات، والظل هو بالتأكيد الأخ الأكبر، لكني لمحت حودة من المشربية يسير خلف معلمه فتحي بعدما أغلق باب الورشة ذاهبين باتجاه منزل شيخ الحارة، حينها هرولت حتى لحقت به، وصرت أسير خلفه حتى التفت لي، وجدته يقترب مني، ولم أشعر بألم دفعته لي على الأرض، فلم أشعر لحظتها بأي شيء وأنا مُلقى على الأرض، أتعجب من سؤاله:

ــ ما حكايتك يا ولد؟

«أحبك»، لم يكن هذا بالتأكيد الرد المناسب على سؤاله، كان رداً محتملاً لأن يدفعه ليقترب مني ويستكمل ما قد بدأه، لكنه صمت،

«أود أن أكون مثلك» استكمال لرد غبي برد غبي أغبى، لكنه ما نطق لساني به وأخذت أجمل الموقف «.. رجل مثلك» رمقني بنظرة قصيرة واتجه لبيت شيخ الحارة، وسرت خلفه حتى وجدت والدي ينضم لجلسة شيخ الحارة المعتادة إقامتها بمدخل بيته الواسع، حَياه الجميع وجلس على كرسي أحضره ابن الشيخ، عادوا لحديثهم الذي قطعه دخول والدي، وبعده دخول المعلم فتحي وحودة وأنا خلفهم، بادر شيخ الحارة بسؤال لأبي:

– كيف سنخبره؟

نظر رجال الحارة لأبي، وكأنهم ينتظرون إجابته عن السؤال، وكأنها الخلاص:

– «لا أعلم، ولكن لا أرى أن من الجيد لنا أن نتحدث له في مثل هذا الموضوع».

تجمع الصبيان الذين جاؤوا مع آبائهم للعب أمام المنزل، ولكن لم يستهوِ حودة ذلك، وبالطبع لم يستهوني تباعاً، ولم يثر فضولي معرفة ماذا سيخبرون ولمن، وقد انكشفت الأمور لي فور ما وجدتهم يتحدثون عن «طرمبة» المياه التي يرغبون في تركيبها بالحارة بدلاً من عبور أهل الحارة بحارتين أخريين لجلي الأواني وغسل الملابس، أو لجوئهم للخيار الثاني وهو شراء الماء من السقايين، وذلك لم يكن خياراً من الأساس تتيحه حالة أغلب أهل حارة المزينين المُزرية، حتى إن السقايين لا يمرون على حارتنا، فكانت نسوة الحارة تسير 5 شوارع لملء قِربهن من «طرمبة» زقاق الشيخ شيخة، وقد علم

أبناء الحارة أن هناك حارة مثلهم تماماً لا يفرقها عنهم، إلا أنه تسكن بها ابنة خال حرم سيادة الباشا، إذاً ماذا عنهم! تناول رجال الحارة الاقتراحات هنا وهناك غير مهتمين بغياب صفوت السقا وصبيه الذي من مصلحته عدم تركيب تلك الطرمبة، توصل أبناء الحارة في النهاية إلى الإشارة بذلك للبيه بطريقة غير مباشرة، وقد اقترح إبراهيم الخطاط أن يرسم على حائط منزل شيخ الحارة عبارة تفيد بحاجتهم إلى طرمبة ماء، وبعد عدة عبارات تداولوها وقع الاتفاق على «حكمت فعدلت فأمنت فنمت يا عمر»، ولكن طلب إبراهيم أن يُبدل «عمر» بـ«فاروق»، بذلك ستكون أقرب فهماً للباشا، ففور ما يقرؤها يبتسم ويسأل أولاد الحارة عن رغباتهم، ورغم اعتراض محمدين شيخ العمود بالحارة، مشيراً إلى أنهم يشوهون العبارة التاريخية المُخلدة التي تشيد بسيدنا عمر، إلا أن إبراهيم الخطاط حاول إقناعه أن «الفاروق» هو «عمر»، و«عمر» هو «الفاروق»، ولكن الفاروق ستكون أقرب للباشا والبيه مدير مكتب الباشا، ووسط تمسك الجميع بالاقتراح غادر محمدين الجلسة معلناً اعتراضه، ولم يكترث لمغادرته أحد، فلقد اتفقوا فيما بينهم بكتابة العبارة بخط عريض، وهو ما حدث بالفعل في نفس الليلة.

استحم أهل حارة المزينين استحماماً يُضاهي في نظافته عيد الفطر، كان عيداً فعلاً، فلقد نسوا أن سبب الزيارة هو التهديد بعد مقتل عسكريين إنجليزيين على يد شاب من أولاد حارة الشيخ شيخة، ولقد تم إعدامه، لكن لم يكن ذلك مُجدياً للباشا ومدير مكتبه، فبدأ حملات منذ الواقعة بزيارة الحارات والأزقة وتنبيه شيوخها، إن عرفوا بنية

بعض الشباب أو أي شخص يظهر عداءه للإنجليز، وبالرغم من أن حارة المزينين لا يدخلها الإنجليز أصلاً، والآمر ليس له علاقة بأهلها، بل بشيء يتعلق بالحارة نفسها، فلا يوجد بها ما يجذب أو يُنفر الإنجليز ليدخلوها، وكان ذلك موضع فخر لشيخ الحارة، رغم أنه ليس له يد في ذلك، ورغم أنه يتمنى أن يدخلوها اليوم قبل غد، فطالما كان الشيخ يحسد شيخة على الخير الذي غطاه بدخول الإنجليز، حتى إن الإنجليز بنوا لهم زاوية للصلاة وطرمبة ماء، مما جعل بعضاً من أهل الحارة يتمنون دخولهم، فلقد دخلوا البلد فلا يهم إن مروا على حارة! ويرون في عدم دخول الإنجليز حارتهم إهانة لهم، كيف لا يخافونهم! كيف لا يتمتعون بخيرها! يبدو أن الحارة لم يكن بها خير لأولادها ليكون للغُزاة، رغم ذلك كان الاحتياط واجباً وإن نجت حارة المزينين من قبضة الإنجليز، فلن تنجو من العقاب إن كان لها يد في يوم من أي ضرر يمس الباشا ورجاله.

وبالفعل جاء البيه مدير مكتب الباشا بـ«ترومبيل» أنزله أمام حارتنا، وكان أهل الحارة وشيخها في انتظاره، ماعدا أبي، الذي لم يهتم بالأمر وذهب لعمله، تمشى البيه ودخل مقعدة شيخ الحارة، لكن ليس وحده، فكان معه شاب يرافقه، وكلما تكلم الشيخ أو رجل من أهل الحارة يتحدث له الشاب بصوت غير مسموع، وكذلك البيه يحرك رأسه ويتحدث إلى الشاب الذي جاء معه، في الوقت الذي كادت نسوة الحارة ينهين كتاب الأذكار الذي تملكه نعمات الزوجة الثالثة والصُغرى وليست الأخيرة لشيخ الحارة.

الخوف على أوجه رجال الحارة، والتساؤلات تجوب وجوههم،

ويتبادلونها في صمت، هل ستعجب العبارة البيه؟! هل من الممكن أن يستنكرها؟! هل إن أحبها سيسألنا عن مطالبنا، أم سيمضي إلى طريقه دون إقامة «طرمبة» الماء؟! خرج البيه ومعه الشاب دون أن يلمحا العبارة، والحسرة تعُم الوجوه حتى وجه شيخ الحارة، لكنه لم يرد أن تذهب جهودهم سُدى، فأخذ يشير بيده هنا وهناك وهو يلقي بحديثه الأخير إلى البيه، وبالفعل ينظر البيه إلى العبارة وهو في طريقه إلى ترومبيله، وحينها يتصلب رجال الحارة في أماكنهم ويقف الشيخ مع البيه، وفجأة يشاور البيه إلى العبارة ويتحدث إلى الشاب الذي جاء معه وسط ابتسامة شقت وجه شيخ الحارة، بعدما تحدث له الشاب وهو ينظر للعبارة، وحينها عادت الدماء مرة أخرى لأوجه رجال الحارة، ركب البيه والشاب الترومبيل وسط التهليل والدعوات بطيلة العمر والتوفيق والسداد، حتى تحرك الترومبيل وسارت وراءه صبيان الحارة، عدا حودة وبالتأكيد أنا، ووقفنا مع مجموع الرجال الذين هجموا فجأة على شيخ الحارة وحاوطوه من كل اتجاه، حتى إنه كان يفرقهم بيديه الاثنتين ليتمكن من التقاط أنفاسه، ويأتي أحد صبيانه له بكرسي خشبي من القعدة، ويجلس الشيخ وهو يحمل كل آمال الحارة على أطراف لسانه:

ـ قال لا بد من تنظيف الحائط من تلك الوساخات.

لم يدم الصمت ثواني حتى صاح محمدين شيخ العمود فيهم:

ـ ألم أقل لكم! أي ابتغاء لغير وجه الله حراااااام، فأن..

وقبل أن يكمل عبارته هبّ في وجهه أهل الحارة، وكانت تلك

أول مرة يفعلها أهل الحارة مع محمدين، فطالما اعتبروه رجل بركة، يجلبونه إلى بيوتهم لقراءة القرآن وقت مرض أو موت أهاليهم، ولكن لم يكن الأمر يتطلب تدخله هذا الوقت بالتحديد، تركهم محمدين وذهب، ولم يهتم أهل الحارة للعنة التي ستصيبهم بغضب محمدين كما كانوا يعتقدون به، تركوه وبدأت أسئلتهم تضرب شيخ الحارة، لقد أنساهم ما حدث أنه الشيخ، وأنهم مجرد رعايا، بدأ عم فتحي في إسكات الجميع، وأخذ يسأل الشيخ:

- ألم يعجبه ما كتبناه؟!

ليرد عليه الشيخ:

- لم يقرأه.

عادت الصيحات من الرجال من جديد، ليقف شيخ الحارة فجأة، فربما تذكر الآن أنه الشيخ وعليهم احترامه، بدأ يصيح فيهم بعد قسم عم فتحي أنه لمح البيه يشير إلى العبارة بإبهامه:

- لا يفهم البيه العربية، كان يتكلم عثمانلي، وكان الشاب يترجم له بالكاد ما أقوله.

حل الصمت على الجميع، وكسره حودة بصوت طفولي وجراءة رجولية:

- الخطأ خطؤنا، كان علينا أن نكتبها بالعثمانلي أيضاً، وبالإفرنجي لو لزم الأمر.

لم يعره أحد اهتماماً، وذهب كل منهم لحياته، وكأن شيئاً لم يكن،

باستثنائي اقتربت منه ووافقته الرأي، ولم يذهب الخوف عني إلا عندما وضع يده على كتفي، وجلس وجلست بجانبه على عتبة الورشة، حدثني عن بطولاته في حل المشاكل، بل وفي خلقها؛ كيف استطاع إعادة أسد هارب من حديقة الحيوان، وكيف وحده هشّم أوجه أربعة رجال حاولوا سرقة رياله، ولقد أخرج كيساً من صدر جلبابه وفتحه لي؛ لأرى عملة معدنية تلمع وأنا بقدر سعادتي شعرت أن الرجولة صعبة، أخبرني أن الملك هو من منحه ذلك الريال، وهنا أصر على أن يقسم عدة أقسام أن الملك فعل، ولو أني بالطبع صدقته دون القسم، وأخذ يسرد لي المناسبة التي لا يتذكر سببها، لكنه عرف أن هناك تجمعاً أمام قصر عابدين، وأن الملك سيلتقي بالناس، وبالفعل ألقى عليهم الملك بنفسه عدة عُملات، ونال حودة نصيبه منها، ودعاني حودة لأن يصطحبني غداً، فهناك مناسبة ما ستدفع الملك لإلقاء النقود علينا، ربما تزوج أو أنجب أو ختن ابنه!

– ماذا عن المدرسة؟

ندمت على ردي هذا الذي شعرت بعدما ألقيته أنني غير جدير بصداقته، فأخذت أحسن من الأمر «سنلتقي أمـام مدرستي في السابعة». عدت للمنزل جلست بجانب والدتي التي لم تحضر اجتماع النساء ببيت الشيخ، وبدأت أحكي لها ما حدث بتفاصيله، والسعادة تعم عيني ونبرة صوتي، فلأول مرة لدي ما أحكيه، لدي ما لا يخصني أنا فقط، لدي ما تسألني أمي عنه باهتمام بالغ، وكذلك أخواتي البنات، فوالدي لا يُخبر نساء البيت بما يحدث خارجه، وإبراهيم لم يعد للمنزل إلى الآن، وحتى إن عاد فهو يشبه والدي، ويجيب عن أسئلة أمي على

مضض، فصرت أجيبهم بما رأيته تارة، وتارة أخرى أضيف لما حدث استنتاجاتي، وأحياناً أضيف ما يجعل القصة أكثر أهمية لدى والدتي؛ لتسألني في اهتمام أكثر، حتى دخل إبراهيم وأسكتني لباقي اليوم بعبارته تلك:

ـ عربة الباشا صدمت الولد حودة صبي المعلم فتحي في حارة الشيخ شيخة.

دخل إخوتي المدرسة ولم أحتج لاستخدام كل الخطط التي رسمها عقلي للهرب من أعينهم، فلم ينتبهوا لوجودي قط، كما لم ينتبهوا لدموعي أمس، أو نحيبي فجراً، فصفعني إبراهيم على فمي لأصمت ليستطيع استكمال نومه فصمت، اتجهت يساراً ولم أعد أفكر في أن أتصرف كحودة، بل أن أكون أنا هو، أنا حودة لكني منذ أن واصلت السير بدأت الشكوك تغمر رأسي إن كان حودة يكذب! وأن قصر الملك ليس في المكان الذي وصفه لي، ولأوقف تلك الشكوك عن التلاعب بي سألت أول رجل أمامي:

ـ هل قصر الملك يقع أمام ميدان عابدين؟

حرك الرجل رأسه بالإيجاب وهو يبتسم، ولم أر ابتسامته التي في غير محلها سوى سخرية مني:

ـ اركب الـ«ترامواي» يا حبيبي.

تركته واتجهت لطريقي الذي حفظه لي حودة، في وسط انهماكي في التفكير في حودة الذي لن أراه ثانيةً، لاحظت أنني في عالم غير

العالم الذي أعرفه، عالم لا ينتمي لحارة المزينين، رجال يرتدون البدل، ونساء يُظهرن سيقانهن تحت الفساتين والتنانير، بل ويرتدين جوارب سوداء تحتها كالرجال، بل ويملكن محافظ الرجال، فلا تعرف نسوة حارة المزينين مكاناً آمناً لحفظ النقود سوى صدورهن، حتى نوافذ منازل هذا العالم مكشوفة تحاول ستائره البيضاء سترها، إلا أنها تتطاير من منافذها رغم حرارة الجو وكأنها ممسوسة! توسوس لي نفسي بالتراجع والعودة للمنزل، لكني فجأة أجدني أوبخها وأحثها على أن تتصرف كالرجال، ولأعرف كيف يتصرف الرجال في الحقيقة كنت أتخيل نفسي حودة، وأتصرف وفق ما كنت أعتقد سيفعله حودة إن كان مكاني، ومنحني هذا الخيال ثقة ما لا أعلم من أين حصلت عليها، استكملت طريقي، وكلما وجدت جمعاً من الناس يسير في اتجاهي أطمئن، حتى وصلت لصوت ما كأنه خارج من مذياع، صوت رخيم قوي لا بد من أنه صوت الملك! جريت نحوه في فرحة عارمة، وأنا أجلد صوتي الداخلي الذي أوهم لي أن حودة كاذب، وصلت لأجد جمعاً من الناس وكأنه يوم الحشر، لكنهم ذاهبون بمحض إرادتهم، أو هكذا اعتقدت، كنت أتسلق من قدم لأخرى كقرد حتى اشتد الحشر، فأصبحت أقفز على أقدامهم، وأتسلل بينهم كضفدع، وعندما اقتربت أكثر من هذا الصوت كنت لا أجد مكاناً يتسع لقدمي حتى! فأحاول دفعهم بيدي، وكلما مررت بين قدم وأخرى سمعت همسات تختلف تماماً عن بعضها رغم الضجيج.

ورغم ملابس هؤلاء المتشابهة، أو بالأحرى نوع أقمشة بناطيلهم، إلا أن حواراتهم كانت مختلفة فيما بينهم، فتلك الجماعة التي وجدت

نفسي بينهم فجأة ولم أستطع الخروج، سمعتهم يتحدثون حول الملك، لكن مصطلحاتهم كانت صعبة الفهم جداً، لم أفهم منهم سوى مصطلحات السباب العامية، حاولت رؤية وجوههم، لكنني لم أتمكن، فتسللت أكثر نحو الصوت المزعج لأجد نفسي وسط جماعة إنجليز، لم أفهم منهم سوى كلمة «سير» التي أخذوا ينعتون بعضهم بها، وشعرت بالفخر أنني فهمت معنى الكلمة، أما ذلك الرجل المسنّ حافي القدمين هو وابنته التي يحملها على كتفه كبلاص جبن قديم، مُرتدياً جلباباً مهلهلاً مبقعاً رغم التزاحم، فقد تركه أصحاب البِدل وحده هو وابنته في دائرة خاوية، لم أعلم سبب ذلك سوى باقترابي منها حتى ابتعدت فوراً مثلهم من رائحته العفنة، مُسنّ مقرمش الوجه مبتسم، عيناه تبتسمان، حتى أنفه يبتسم، لا يتوقف لسانه عن ترديد دعواته للملك، كان الصدق يظهر في حماسه وهو يتراقص حاملاً ابنته على كتفه ممسكاً بيدها، وهو يرقص بها في حرارة شمس حارقة، كان فقط يدعو دون تأفف «ربنا يخليك لينا يا ملك.. ربنا ما يحرمنا منك يا باشا.. ربنا يسترك يا بيه»، كان ذلك مضحكاً في البداية لمن حوله، فقد كان في مرة يمنح الملك البهوية وأخرى البشوية، ولكن بعد دقائق لم يعد ذلك مضحكاً لمن حوله بقدر ما هو مزعج، مزعج جداً، أما الرجل ذو البدلة السوداء اللامعة والريشة البيضاء الأنيقة في يده، فكان يهمس لمجموعة رجال من حوله، يشبههم تماماً: «متى سينتهي.. أقسم أن الجلوس في المكتب اللعين أفضل من هذا العقاب»، كانت الأصوات تتداخل بشكل سخيف، وكأنهم جميعهم يتحدثون دون أن يسمع أحد الآخر، لكن كان أفضل تلك الأصوات المتداخلة بالنسبة لي صوتاً لرجل كان يتحدث لابنه «برهة وسنأكل»، لم أفهم من ذلك

الرجل إلا أنهم ربما سيلقون علينا أطعمة، ربما تكون موزاً وتفاحاً وبطاً، ولكن هذه الفكرة لم أستحسنها، فإلقاء النعمة على الأرض حرام، فستزول من وجهنا، وفوراً خطرت في عقلي فكرة أخرى، وهي أن الملك ربما سيعزمنا في قصره الكبير الواسع، المليء بالخدم، ولكن المنطق استبعد تلك الفكرة أيضاً، عندما فكرت في عدد هذا الحشد المهول، لكن ما كان أكثر منطقية بالنسبة لي أنهم ربما سيوزعون علينا صواني فتة منثوراً على سطحها مكعبات اللحم، وتلك الفكرة كانت أكثر إقناعاً لعقلي، انتهى الملك من كلمته، أو ربما ليس الملك، في الحالتين لم تكن تسمح حرارة الجو بمزيد من الكلام، تلك هي الدقيقة المنتظرة، ووقفت في مكاني بكل حماس لدي عندما سمعت رجلاً خلفي يقول لآخر «هل ستذهب الآن! فسيلقونها في الحال» حينها تأكدت أن حودة صادق أمين في حديثه، وسط صياح العامة واضطراب حركاتهم فشلت في اللحاق بأي عملة رغم وزني الضئيل وقصر قامتي، إلا أن كفّي الصغيرة كادت أن تُفرم تحت أحذية هؤلاء العظماء، اليأس عمّ ملامحي، وحوّل شعوري بالحماس إلى قلة الحيلة، ولكن اضطراب الناس حولي من جديد أكد لي أنهم ألقوا المزيد من العملات، وأخذت أنشر يدي تحت الأقدام من جديد، فجأة طالت يدي عملة لم أستطع تحديد فئتها من ملمسها، وبصعوبة حاولت سحبها وسط هرس الأقدام ليدي، كنت أسحبها من وسط الرمال، كانت يدي تنسلخ، لكنني أحكمت قبضتي عليها أكثر، متشبثاً بها كأنها آخر أمل لي، أو ربما كانت كذلك، لم أكن أصدق عينيّ، أي نعم مليم، لكنه أحسن في كل الأحوال من لا شيء، ابتسامتي كادت

تتحول لضحكة، ولكني رفضت خلع ثوب الرجال الذي ارتديته منذ أول اليوم، وأول ما التفت للذهاب وجدت يداً تطرق على كتفي بحدة لألتفت وأجد رجلاً أربعينياً ذا شعر أسود يخالطه البياض، يرتدي بدلة بيضاء وطربوشاً على جلباب أقل بياضاً، وسرعان ما صرخ فيّ حتى ابتل وجهي برذاذ لُعاب فمه:

– القرش الصاغ هذا ملكي.. سقط من جيب سروالي منذ دقائق.

شعرت بسخونة وجهي الذي ربما شعر هو به أيضاً، وكأن هناك حرارة تتسرب من خلاياه، حاولت الإجابة بثبات، ولكن خرج صوتي بنبرة مرتعشة خائفة:

– لكنه ليس قرشاً.. انظر إنه مليم!

ليرد الرجل بسرعة وكأنه قد حضر لكلامه من قبل: «نعم لقد نسيت كان مليم صحيح» فكرت قليلاً أن أمنحه إياه، ثم حل عليّ الصمت لثوانٍ، فكانت ملامحه تشير أنه يصرخ فيّ لكني لم أستطع سماعه، فقط كنت أراقب فمه وفي رأسي أقول لِمَ أنا بالذات! فجأة وجدت نفسي أخلع حذائي وأحمله بيدي وأجري وسط أقدام العامة، وتسمع أذناي اللعنات التي لم ألقِ لها بالاً:

– خذ هنا يا ابن الكلب يا حرامي خذ.. أعطيني المليم يا ابن الكلب.

لم أتوقف حتى عندما سمعت الرجل يهددني أنه سيُبلغ والدي، تباطأت ولكني لم أقف، ففكرت كيف سيحدث هذا وهو لا يعرف والدي! حينها وجدت نفسي أجري بأسرع ما لدي من قوة من جديد،

أسرع وأسرع رغم حرارة الرمال الحارقة، لم أكن أركض، بل أطير من نقطة لأخرى كسمكة حية تحاول القفز من على الموقد، حتى إنني لم أعد أسمع صوت الرجل، بل لم أعد أسمع أي صوتٍ، لأنظر خلفي وأجد الشارع خاوياً، توقفت وارتديت حذائي، حتى وجدت يداً تحملني وتجري بي، يداً نجحت في كتم صرخاتي المستغيثة منه، لكنها رغم ذلك كانت ناعمة وغير مؤذية لفمي، أسقطني أرضاً في أول مدخل عمارة، وتحدث لي بالكثير من الكلام الذي لم أفهمه، أو بالأحرى لم أسمعه حتى بدأ يأخذ أنفاسه:

– لا زالوا خلفنا؟

نظرت برأسي خارج العمارة وحركت له رأسي بالنفي، كان مرتدياً قميصاً وبنطالاً، وما يميزه هو منخاره الطويل، بدأ الرجل بفتح باب خشبي عريض بمدخل المنزل، فُتح الباب بعد عدة دفعات له بكتفه، وسقط من سقف المنزل بضعة أحجار صغيرة من الطوب اللبن، دخل الرجل وكأنه كان ينزل للأسفل، كانت الحجرة مظلمة تحت الأرض، نظر خلفه لي وكنت أقف أمام الغرفة مندهشاً، نزلت وخوفي الذي حاولت إخفاءه كان يظهر في تردد قدمي في النزول، فور ما دخل تناول الرجل إبريقاً نحاسياً وقطعة من الخشب كانت بجانب الباب على الأرض، وبدأ الرجل في استخدام قاعدة الإبريق في تثبيت العصا المُغطاة بالمسامير في الباب، ولقد أدخل العصا في مقبض نحاسي مُثبت في الحائط المتصدع، دخل الرجل وأشار لي بالجلوس، نظرت حولي لأجد منضدة مستطيلة لا تتجاوز متراً ونصف المتر مُلقاة على الأرض، وكرسيين خشبيين جلس الرجل

على واحد، والآخر مكسور، جلست على السلم وأنا أراقب سقف الغرفة الذي تتسارع عليه العناكب بخيوطها، أما الجدران الأربعة فكان يخرج من أحدها، تحديداً الخلفي، شرفة من الأرابيسك، لكن يظهر من ثناياها أنها غير مُطلة على الشارع، بل على مسقط المنزل، وذو الأنف الطويل جالس يُدخن السجائر وهو ينظر لي، كان شرهاً في شربه لها بعنف، كان مشهداً مخيفاً جعلني أصرف نظري عن الرجل، وأثبته على الأرض، فذلك أفضل من مراقبة ذي المنخار الطويل، أو مراقبة أرجاء الغرفة، فكلاهما كانا مخيفين جداً بالنسبة لي، حتى تحدث الرجل وهو يقترب مني فتلاقت أعيننا:

– جائع؟ تود أن تأكل؟

لم أجب، وبدأت أقوي قبضتي على المليم، لم أخف من الرجل بقدر ما خشيت أن يسلبني المليم، فكانت أفكاري التي تتسارع برأسي، إن كان هذا الرجل حصل هو الآخر على مليم، وشخص ما اتهمه بسرقته مثلي وجرى خلفه، كيف عرف أن ذلك هو ما حدث معي! هل صار خلفي ليحميني أم ليسلبني المليم! وأين أخبئ المليم؟ في صدري! سيقع بلا شك، فليس لدي حكمة أمي التي تفعل ذلك دون إصابة النقود بأي ضرر، في جيب بنطالي! كيف ذلك وأنا أمام أعين الرجل، فحينها سيعرف ويجردني إياه، لم تصمد أي فكرة طويلاً في رأسي الصغير، فنهضت من جلستي وصعدت سلمتين، كيف استطاع اللحاق بي قبل أن أفتح الباب؟! لا أعرف، لكني وجدت يده تطبق على كتفي، التفت وجلست على السلمة التي وقفت عليها لتوّي وهو لا يزال متكئاً بيده على كتفي يجلس القرفصاء أمامي:

- هناك أشخاص لا بد أن تموت ليحيا الجميع، أتعرف ذلك؟

حينها لم ألحق أن أستكمل صرختي الأولى، فضغط بيده على فمي:

- هم يستحقون الموت، صدقني لن أؤذيك.

حينها علمت أنه لم يقصدني أنا بهؤلاء الأشخاص الواجب موتهم، أخرج مسدساً من جيب بنطاله، وناولني إياه:

- فقط إن أصابني رصاصهم أطلق عليّ أنت أخرى على رأسي، إن لم أمت بالرصاص فسيُفتتون جسدي.

حاولت التملص من قبضة يده والدموع بدأت تنجرف مني، حينها تحول وصرخ فيّ وهو يعصر يدي بيد وبالأخرى يعصر فمي:

- إن لم تفعل فسأقتلك.. أتفهم!

حينها فقدت ذلك الرجل الذي ارتديت شخصيته، واستسلمت استلاماً تاماً والدموع تُغرق يده التي كأنها كانت تحفر في وجهي:

- ما اسمك؟

أزال يده وكأنه أجاد تقييدي بكلماته، ولقد فعل:

- حودة.

بالتأكيد لم أخبره باسمي، ولا أعلم إن كان هذا بدافع الخوف منه، فأردت الاختباء خلف اسم مستعار، أم إنه الخوف من عطية بضعفه، وأردت الاختباء من ذاتي باسم أقوى وأقدر؟

صوب مسدسه نحوي وهو يسير بظهره، حتى أزاح خبزاً من صاج، وأخرج مسدساً آخر من تحت الخبز، ارتدى طربوشه واتجه نحوي، فتح جيب بنطالي ووضع المسدس الذي أتى به من داخل الصاج.

اتجه نحوي بعدما ارتدى طربوشه، وفتح الباب بيده وسألني إن كان هناك أحد بالخارج، أخرجت رأسي ثم هززت رأسي بالنفي، وضع بجيبه المسدس الآخر، وانحنى وهو يسحبني بيده لأركب على كتفه وبالفعل، خرج ورأسه بين قدمي وهو مُمسك بيديّ، لم يكن هناك أحد بالشارع سوى سيدة تشبه نسوة حارتنا في ملابسها، لم يحد رأسه عنها وهو يتفحصها ونحن نسير خلفها، وأخذ يخبرني أن النساء نعمة الله على الأرض، وعن أخته وحبيبته وأمه المتوفاة، هذا فقط ما سمعته؛ لأن صوته لم يتضح لي فور ما دخلنا على الجمع، ولكنه لم يتوقف عن الحديث وتحريك رأسه بين الحين والآخر، دقات قلبي تتسارع وأفكر في أن أقفز من عليه وأجري، ولكني كنت أتخيل نفسي قبل أن أسقط من على رأسه، فالرصاصة ستُعمر داخل رأسي، أو ربما أحشائي، الدموع لا تتوقف ولم أردها أن تفعل، فربما يراني أحد وينجدني من تحت يده، أو ربما أثير عاطفته عندما تغرق دموعي طربوشه، رجال كثيرون يحملون أبناءهم كما يحملني هو، لكننا تقدمنا حتى رأينا سور القصر والعربات المصفوفة أمامه والعربات بداخله، وظللنا هكذا لدقائق، كادت الشمس تذيب رأسي حتى التفت ذو الأنف الطويل نصف ميلة برأسه، فلم أر وجهه ولم يرني هو أيضاً، لكني سمعت صوته «إن لم تفعل لن أؤذيك.. يمكنك الفرار»، فكرت في أن أنزل مسرعاً، لكنني لم أثق به، ولفت نظري ذلك البيه مدير

مكتب الباشا وهو يطل مع جماعة من الرجال من نافذة القصر، طلقة رصاص تبعتها عدة طلقات والناس تهرع وأنا مُلقى على الأرض، ماذا حدث لا أعرف! قتل من ذو الأنف الطويل؟ لا أعرف! هل قتلوه هم! أم فعلت أنا وأنقذته من عذاب رأى أن طلقة رصاصة أهون منه! ولِمَ لم يفعل ذلك بنفسه واستعان بي! لا أعرف أيضاً، كنت أهرع وكأن الناس اختفت، ظللت أجري ولم أعر لحذائي الذي انصدع نصفين بالأً، دماء ألمحها على قميصي، مخاط من أنفي يختلط مع عرق يتصبب من رأسي، حتى شعري غرق عرقاً، كنت أشعر بالماء يقطر من رأسي، الحزن حينها كان شعوره بداخلي أقوى من الخوف، ولم أعد أسأل نفسي لم اختارني ذو الأنف الطويل لفعل هذا، بل كنت أسأل الله لِمَ أنا ولِمَ اختارني لخوض هذا؟ صرت أحاول أن أبكي ليس رغبة في البكاء فحسب، بل لأخرج من جسدي هذا الشعور بالغضب والحزن على هيئة دموع، كانت رحلة العودة للمنزل طويلة وصعبة، كانت أسخف رحلة قمت بها، وكأن الشوارع أصبحت أطول، والجو أصبح باهتاً، والناس أصبحوا عابسي الوجوه دون سبب أذكره، المسدس لا يزال في جيبي، ها أنا أشعر به، حينها بكيت أنني لم أفعل، تلك الدماء التي على قميصي لم أكن أنا المتسبب فيها، لم أكن أنا، ألقيت المسدس على الأرض وأنا أجري، لم أتوقف عن البكاء حتى وصلت إلى أول حارتنا، حينها لمحت نظرات رجل لصدري نبهتني لبقعات الدم، دم من لا أعرف، أو ربما أعرف ولا أود أن أصدق هذا، خلعت القميص وأنا أجري، وقبل أن ألقيه فكرت أنني لن أطيق أسئلة أمي عنه، حملته بيدي وغطيت بظهره صدري حتى وصلت منزلنا، وصعدت سلالمه التي أكاد أجزم أنها كانت أطول من الطريق، رغم

أننا نقبع في الدور الثالث، وكأن هناك شيئاً حدث للأرض كلها هذا اليوم، وحدث لي أيضاً.

رغم صوت معدتي التي تتضور جوعاً، لم ألهث بجانب إخوتي وراء طبق الملوخية التي أعدتها أمي، جلست في ركن منتظراً أحداً من إخوتي يسألني عما بي لألقي له بما حدث، هل سيصدقونني! لا أظن، لكنني لا بد أن أفعل، ولكن لم يسأل أحد، مع سماعي لأصوات أقدام على السلم علمت أنه أبي أتى مع عمي الذي يصطحبه أبي عصر كل خميس، لم أستطع القيام لأفتح الباب، وأنا الوحيد المُنزوي، وإخوتي حول ورقة «الجرنال» يأكلون، قدماي لم تستطيعا الوقوف، كلما حاولت النهوض أبَى جسدي ولم يتحرك مني سوى أصابع قدمي، سبتتني نعمة ونهضت لتفتح، وما إن دخلت يد أبي البيت اتجه نحوي بجسده قبل عينه، وقد ألقى بكفّه على خدي الأيمن، وراح يلتقط عصاه عزيزة من تحت سريره، وبدأ الضرب فيّ مع سؤاله لي «أين كنت؟»، لم أجب رغم رغبة بداخلي تودّ إخباره، لم تكن رغبة في قول الصدق، بل رغبة في انتزاع شيء ما بداخلي أود أن أفرغ منه، ولا أستطيع أن أجزم أنه سيختفي إن حكيت، بدأ والدي يضاعف قوة الضرب، وهو يصرخ فيّ صرخات تُخرج من فمه هواء كان يخيفني أكثر، لكنه لم يبكني وكأن دموعي قد نفدت، ولم يدفع جسدي للنهوض أيضاً.

– أين كنت اليوم؟.. أين كنت يا ذيل الكلب، يا ملعون؟

ومع كل حضن من العصا عزيزة على جسدي كان التهديد والوعيد ينهال عليّ أيضاً: «وديني لن تخطوها مرة أخرى».

من فعلها وأخبره عن هروبي من المدرسة؟ هل فعلها حودة بي! هل أوهمني بصداقتنا وأخبر والدي؟ هل مات حودة وهو لم يحبني كما أحببته؟ نعم هو ذلك الشخص الذي يحب التقرب للكبار، ولكن أيمكنه أن يفعل ذلك عن طريق إفشاء أسرار الصغار؟ ربما فهو عندما لا يجد ما يفشيه للكبار حول الكبار يُفشي أسرار الصغار، وإن لم يجد أخباراً للصغار أفشى أسراراً عن نفسه، وتحدث عن نواياه السوداء، والغريب أن الجميع يعرفه، ولكنهم لا يزالون يزودونه بمواد تصلح لزيادة تقربه من الكبار، ضُربت وضُرب كمال وحسن وإبراهيم وسيدة ونعمة ونادية أيضاً، ثم لحقت بنا أمي، بينما عمي يقف أمام الباب عاجزاً عن التدخل، وكيف ذلك وهو أيضاً يخشاه! وظلت عزيزة تطوح يميناً ويساراً، فلا بد أن يتساوى الظلم بيننا جميعاً، ولكن التوعدات كانت خاصة فقط بي: «لن تخطوها مرة أخرى يا ابن الكلب»، ووسط السباب واللعنات نزل هذا التوعد الذي لولا تكراره إياه مرتين لكنت اعتقدته من خيالات ضربة الشمس التي أصابت رأسي:

ـ لن تخلع جلبابك هذا أبداً، وستنزل للعمل كالكلب.. أتظن أنني سأحبسك بالمنزل كالحريم يا فلتان!

لم يكن عليّ ادعاء الحزن أكثر، فهو الشعور الوحيد الذي أجدته حينها، كان حزناً غريباً لا يخرج بدموع أو نواح، ولا يصطحبه

كلاهما، حزن ضخم بخلاف ما أعرفه، وهل ما سبق وما عاهدته كان أحزاناً! «هلافيت» أحزان ربما، فلم يكن هناك شيء يستحق الحزن قبل تلك الليلة! كنت متجاهلاً انتصاري بأنني أخيراً سأصبح رجلاً يعمل كحودة تماماً! فأي انتصار هذا! فالشعور الوحيد الذي أصابني يومها هو عدم الشعور بأي شيء، لكني لم أتمكن من منع عقلي من التفكير في تلك الرجولة التي تعامل معها أبي كأنها عقاب! فمنحه لي لحلمي على هيئة تهديد أفزعني، وكيف لا وكل تهديدات أبي فظيعة ومروعة! لم أكن أعرف هل عليّ أن أفرح بهذا التهديد الذي سيجعل مني أخيراً رجلاً، أم أحزن كونه تهديداً من أبي الذي لم يهدد بشيء سوى إن كان مؤلماً، كانت ليلة مُزرية لا تقل سوءاً عن أول يوم عمل، عندما صفعني فيها زكي الصبي الجديد للمعلم فتحي البديل لحودة فور ما نعته باسمه، فأمرني أن أنعته بـ«المعلم زكي» رغم أنه في نفس عمري، ولكنني فعلت، لكنه لم يتوقف منذ حينها عن صفعي بسبب أو بدون، أخبرتني أمي من قبل بعد كل «علقة» من أبي أن الضرب للتقويم، وأن الإيلام هو علامة على الحب، لكنها لم تجبني إلى الآن عن سؤالين، ربما لأنني لم أجرؤ على سؤالها عنهما، كيف للملك أن يُلقي عليّ مليماً «براني»؟ وكيف يكون «الشاي» مشروب الرجال مراً لهذا الحد؟

مُمطر دافئ شتاء

كل شيء في مكانه، هذا المكان لا يتغير فيه شيء، لا مواعيد الحضور والانصراف، ولا ملابس الموظفين غير المتناسقة فيما بينها، الأوراق المنطايرة في المكتب، والأصوات المتعالية مع العملاء عبر السماعات، وفاروق عامل النظافة في مكانه ممسك بالممسحة، حتى آثار أقدام الموظفين مكانها، فلا تتغير قلة أو تزايداً، ولا تختفي أبداً، لم يتغير شيء هذا اليوم حتى رغبة أدهم لم تتغير بعد إمضاء مديره بالرفض على منحه إجازة بالغد، حتى عندما ألح أدهم عليه لضرورتها، سأله مديره عن السبب، لكنه لم يجب، إذ لم يرد أن يُقلق مديره ويدخله فيما ليس له طائل به، عاد لمكتبه الملاصق لعشرات المكاتب المجاورة، لكنه عزم على أن يدخل ويخبره عن السبب، لم يُنهِ كلامه مع العميل، ولقد سحب سماعة جهاز الحاسوب التي تعمل من أذنه، وألقاها بجانب أختها المبتورة، ونهض ودخل للمدير الذي كان يتناول فطوره، كان أدهم حاملاً طلباً جديداً للحصول على الإجازة، لكنه كان مزيلاً بالسبب:

– أود الحصول على الإجازة؛ لأنني سأنتحر غداً.

نظر المدير للسبب في ورقة الطلب التي وضعها أدهم على مكتبه لتوّه، ومضى عليها «مرفوض، يمكنك الانتحار في يوم إجازتك».

حمل أدهم الورقة في يده وعلامات اليأس تنتابه، جلس واستكمل عمله بالاعتذار للعميل الذي هجم عليه بوابل من السباب الذي مسّ نسله ونسل زملائه وشرف شركتهم وصاحبها، ألقى أدهم السماعة مرة أخرى ونهض مسرعاً إلى آلة الطبع، وأخذ منها ورقة أمر جهازه الحاسوب بطبعها للتوّ، ودخل بها للمدير حاملاً طلباً آخر، ووضعهما على مكتب المدير الذي تأفف فور ما لمح أدهم متجهاً إليه، نظر المدير لورقة أحوال الطقس التي اختزلت أحوال الطقس بيوم الجمعة فقط، المذكور بجانبه أمطار رعدية، نظر المدير لأدهم، فبدأ أدهم يحدثه بنبرة استعطاف:

— جدتي ستأتي من الإسماعيلية للقاهرة لإجراءات الدفن، أخشى أن يصيبها مكروه في الطريق، ثم إني أود الانتحار في يوم دافئ شتاءً.

أمسك المدير ورقة الطلب، وكتب «مرفوض، يمكنك الانتحار بعد ساعات العمل، وإلا سيتم خصم اليوم».

خرج وقد تسلل اليأس إلى قلبه، وضع السماعة في أذنه من جديد، وقبل أن يعتذر للعميل، قذفه العميل بسباب أشد لعنة من سابقه، سُباب لم يكن في قاموس لعنات أدهم التي اعتاد عليها يومياً من العملاء، بل لم يكن أدهم يعلم بوجودها وبوجود تلك المصطلحات من الأساس، لكنه أدرك قسوتها، دون أن يشعر بما أدرك، هكذا يصبح الموظفون في خدمة العملاء بعد شهور من العمل، وقبل أن يبدأ أدهم في امتصاص غضب العميل، رنّ هاتفه ولا يُحيي هاتف أدهم صوت سوى من هاتف جدته، ولم يحيه هو أيضاً سوى صوتها، أخبرته أنها

ستأتي غداً لزيارته كما اتفقا، ولم تستطع الانتظار للغد لتخبره أنها أحضرت الدقيق، وعلى وشك أن تُحضر له الفطائر التي يحبها، ابتسم أدهم وأخبرها أن تُبدل الفطائر تلك بالكعك، كالذي أعدته على روح أمه منذ سنوات، كان طعمه لذيذاً ولا يزال في فمه إلى الآن، أغلق أدهم السماعة، ولقد غاب يأسه، ووجدت الابتسامة أخيراً محلاً على وجهه، التقط أدهم ورقتين من حقيبته، وبيده الأخرى تناول ورقة إذن من على مكتبه، ودخل ووضعهما على مكتب المدير الذي تجاهله، وأخذ ينهي من طباعة إمضائه على عدة أوراق أمام مكتبه، وبعدها نظر إلى وجه أدهم وهو لم يرَ ما رغب من نظرات استسلام، بل أمل في موته غداً، أمل يجعل من يراه أن يتأمل في حقيقة الخوف من الموت، فلقد كان الخوف الذي يغطي أدهم حينها هو الخوف من البقاء على قيد الحياة أكثر من ذلك، بدأ أدهم الحديث في حماس تام، وناول مديره الورقة الأولى المجدولة لساعات عمله هذا الشهر، والذي تخطى ساعات العمل الأساسية فيها باثنتي عشرة ساعة، أي وردية عمل كاملة، وفي الورقة الأخرى التي هي في الأساس ورقة منزوعة من أجندة تقويم مدون عليها مصاريف أدهم هذا الشهر، وهو بالضبط مرتبه الشهري دون خصومات، «أجرة إيجار الشقة هذا الشهر 600 جنيه، تغسيل جثمان 200 جنيه، نقل جثمان 1000، فراشة عزاء لساعتين 500، وكفن».

قبل أن يستكمل المدير المرور بعينه رأسياً على ورقة التقويم، قاطعه أدهم بسؤال لم يدل على رغبته في السخرية من مديره، كما اعتقد المدير، بل إن دل على شيء فإنما يدل على جهل أدهم عن ذلك الموت المتحمّس كل الحماس لِلُقياه غداً:

ـ هل يمكن أن أجعلهم يلغون مرحلة غسل جسدي، إن استحممت قبل الانتحار؟

لم يعره المدير سوى طرفة عين، وعاد يستكشف قائمة مصاريف أدهم الشهرية، ووقفت عينه ثم إبهامه عند كلمة «الكفن» غير المصحوبة بالتكلفة، وقبل أن ينظر لأدهم متسائلاً أجابه:

ـ متبقٍّ نصف قطعة من كفن أمي.. أخبرتني جدتي بذلك.

تفحص المدير جسد أدهم السمين رأسياً وأفقياً كأنه يراه من جديد، ثم كتب على طلب الأذن «مرفوض، يمكنك الانتحار الشهر القادم نظراً لتزايد العمل وضغطه هذا الشهر».

حمل أدهم أوراقه، وقبل أن يصل للباب كان مديره يرتدي معطفه للمغادرة بعد انتهاء ساعات العمل، وقف أدهم على الباب، فور ما فتحه وجد زملاءه ناهضين استعداداً للمغادرة، حينها أخذ منه اليأس مأخذه، وهو الذي كان يعتقد أنه ليس لديه ما تأخذه أي مشاعر منه، لكن هذا ما حدث، أغلق أدهم الباب، ولكن ليس ككل مرة، فأغلقه وهو بالداخل، وأحكم غلقه بالقفل، جرى على النافذة وفتحها بكل ما يحمل من غضب، فجرحت النافذة معصم يده، وهي التي لم تعتد أبداً على هذا الكم من العند في الرغبة بفتحها، صعد على حامل المُكيف والتفت ناظراً للمدير:

ـ كنت أرغب في الموت بطريقة أفضل من ذلك، وفي جو أفضل من هذا، وبملابس أفضل من تلك، ولكنك لم تفضل ذلك.

كان المدير يرتعد صارخاً بعدة كلمات لم يسمع منها أدهم شيئاً،

ولكنه كان يرى جسده المتردد في الوقوف بنقطة معينة، كان يميل كفزّاعة طيور حتى قفز على ورقة طلب الأذن، وحذف منها بيد مرتعشة جمل الرفض، وأمضى بالموافقة، وأخذ يلوح بها لأدهم الذي كان مشغولاً باختيار مكان للسقوط خالٍ من السيارات، التفت أدهم بعدما أمسكه مديره من ركبتيه لِيُريه الموافقة بإذن الإجازة، لينزل أدهم وتنزل معه قطرات الدماء الساقطة من يده على أرض المكتب، البشاشة تشقّ طريقها على خديه، حتى ناداه المدير وهو لم يصل بعد للباب، أشار له المدير بإبهامه على قطرات دمائه الملطخة لمكتبه، ثم تحرك إبهامه على علبة المناديل على مكتبه، التقط أدهم المنديل وأزال به بعضاً من آثار الدماء التي جف القليل منها على الأرض، فتح الباب، وقبل مغادرته صرخ فيه المدير:

– إن لم تنتحر غداً سأقتلك أنا.

ابتسم أدهم، ولقد شعر لأول مرة بحرص مديره عليه، وعلى تحقيق رغبته، أما المدير فلم تزده تلك الابتسامة إلا غضباً، غادر أدهم المكتب ليجد جميع من في صالة المكتب قد غادروا، وقبل أن يلحق بهم حاملاً حقيبته، خرج مديره وألقى في وجهه جملة بدلت ابتسامته بعلامات وجه لا تُنبع أياً من المشاعر البشرية.

– جسدك هذا لن تكفيه نصف قطعة من الكفن.

نظر أدهم لجسده، ثم حدق في ورقة التقويم، كأنه يراها لأول مرة، التقط قلماً من على مكتبه وسار في طريقه بنفق مخرج الشركة المظلم، المعلومة بالنسبة له نهايته، ذاهباً إلى نفق آخر أكثر ظلمة، لا يعلم إن كان له نهاية أم لا.

فتاة تشعر بالملل

أغلقت المذياع على صوت نجاة الصغيرة وهي تغني «أما
براوة»، فلقد شعرت سميحة أن نجاة تفضحها، استكملت جولتها في
غرفتها الصغيرة، تجوبها يميناً ويساراً؛ طولاً وعرضاً، ولا تنزل
عينيها من الهاتف، إلا عندما تنظر للساعة لتتأكد أنها تخطت الثانية
عشرة، ثم تخرج للصالة متمنية أن تخبرها ساعة الصالة بكذب ساعة
غرفتها، لكن لم يحدث ذلك! تجوب رأسها الصغير عدة احتمالات
ربما غفا! أو ربما فعلها! لقد فعلها، فعلها وقتل والده، تحاول جاهدة
محو هذا الاحتمال من رأسها، فهذا الاحتمال سيدفعها للجنون، بعدما
يُلقي عليها مسؤولية ليس لها أن تتحملها، ماذا تفعل؟ ترتدي فستانها
وتنزل تبحث عنه في الشوارع؛ بالمدن، بل المحافظات، أو تنزل تُبلغ
عن اختفائه لقسم الشرطة، وتخبرهم عن شخص لا تعرفه، ولا تعرف
من هويته سوى أنه ذو صوت رخيم، وأنفاس متسارِعة تُذيب القلب،
أو بالأحرى قلبها، كلما اجتاحته رغبة في قتل والده الذي قتل أمه
بدافع الشرف منذ سنوات، هاتَفَ أرقاماً عشوائية وتحدث عن رغبته
ثم يخلد النوم، ولقد كنت أنا أحد تلك الأرقام، والوحيدة التي تجاوبتُ
معه، واختلقتُ حواراً ولم أغلق الهاتف في وجهه، كما أخبرني، ولقد
وعدني أن يكون رقم هاتفي هو الرقم الذي سيستعين به كل يوم عندما
تجتاحه تلك الرغبة، تحدثنا يومياً بعد الثانية عشرة من منتصف الليل،

ولكنه لم يتصل منذ ثلاثة أيام، وحرارة الهاتف لم تفارق هاتفي وقلبي منذ حينها، ولم أذهب للمعهد منذ يومين لأتأكد أنه لن يتصل نهاراً، أقامت حواراً خيالياً بينها والضابط الذي ستبلغه في القسم؛ تختلق كل الأسئلة وتجيب عنها، وهي تحاول أن تختزل من حوارها هذا مشاعرها اتجاه المتصل المجهول، نعم أحبته، إن كان للمرء أن يحب شخصاً لرخامة صوته، فلقد فعلت سميحة، ولقد وقعت في غرام قصة معاناته، قتل شعورها بالملل، وتبادلا المعاناة والأسرار حتى نفدت أسرارها، عرف عنها كل شيء، رغبتها في تقبيل الرجل الذي ستحبه وسط الشارع قبل الزواج به، رغبة في عناق أحدهما على قضيب قطر أو بأحد المطارات، رغبتها في لمسة يد أو بالأحرى قصة حب تغطي بها نفسها عندما تبدأ زميلاتها في المعهد وصلة حديثهن عن قصصهن الغرامية، حينها تجد نفسها فتاة بلا قصة، صارت تختلق القصص وتنسج أبطالها بيدها، وقد تستوحي ملامح بعض أبطالها من شخوص حولها، حمادة اللبان الذي يتفنن في مغازلة فتيات الشارع باستثنائها، ابن عمها الذي تزوج زميلته القروية في العمل، ضارباً بعرض الحائط رغبة والده في الزواج بها، أو حتى جارها الغامض ذلك الطالب الجامعي الذي سكن أمامهم منذ شهر، ولقد اجتمع أهل شارع خلوصي على نبذه كونه شاباً عازباً تزوره فتاة بين الحين والآخر، وهذا بالتأكيد سيشوّه سمعة الشارع في نظرهم، حتى والد سميحة حاول طرده عدة مرات، لكن في كل مرة كان الطالب ينفي زيارة أحد له، مكذباً نساء الحي اللواتي لا يجدن أفضل من سمعته للحديث عنها في السوق، يروين رؤيتهن لنساء داخلات وأخريات خارجات، وتنتقل تلك الرواية من لسان إلى آخر! يؤمن على كلام

الجار صاحب البيت خشية من خسارة زبون لتلك الشقة العتيقة التي بالتأكيد لن تجذب أسرة أبداً للعيش فيها، لم يجد والد سميحة مفراً إلا من أمرها بعدم فتح نافذتها أبداً، ولا تعلم سميحة هل فعل والدها ذلك خشية من جارها عليها، أم خشية منها عليه، ولكن كانت أوامره نافذة نهاراً حتى ينتصف الليل وينام من في المنزل، فتفتح شقاً من النافذة تراقب منه الجار عن طريق ثقب آخر صنعته هي بحجارة ألقتها على نافذته، بعدما أقدم على غلقها إلى الأبد بعد هجوم رجال الحارة عليه ذلك اليوم، مُدعين اصطحابه لفتاة بالشقة، يقولون إذا اجتمع رجل وامرأة كان الشيطان ثالثهما، ولم ترَ سمية ذلك الشيطان قط طوال مراقبتها للجار لأيام، فلم يكن في الشقة سواه وحبيبته السمراء التي اختبأت تحت السرير يومها، وهي التي لم تدخل غرفة نومه أبداً، فكانت اجتماعاتهما يحدها ردهة الصالة، حيث المكتب الذي يجمعهما وسط عشرات الكتب، ولقد دفعها رجال الحارة لدخول غرفة نومه لأول مرة، تعالت دقات قلب سميحة يومها حتى كادت تشق قلبها وتصرخ في الرجال أن يتوقفوا، فلم ترَ شيطاناً قط بينهما، وهي الشاهدة الوحيدة، ولم تهدأ إلا عندما خرج رجال الشارع بعدما تيقنوا من عدم وجود أحد، حينها شعرت بانتصارها، بل بانتصار قصة حب راقبتها تنبُت وتزدهر ظلاماً، بل وحمتها كثيراً بصمتها.

خرجت الأنوار من ثقب نافذة جارها اقتربت سميحة من نافذتها ووجدت جارها يذاكر مع حبيبته بعدما وضع أمامها كوب شاي، وتسأل نفسها هل ستجد رجلاً يوماً يعدّ لها الشاي؟ فالرجال الذين تعرفهم سميحة لا يعدون شيئاً، رجال أدوارهم تنحصر في منح الأوامر

بإعداد أي شيء، تراقب جارها، وتكتشف عدم وجود أي رغبة بداخلها اتجاهه، فكان هذا منذ أيام آخر أحبائها الخياليين الذي حكت لزميلاتها عنه، وعن قصة هواهما التي اختلقتها، وتمنت أن تُخلق في الواقع، لكنها الآن أحبت حقاً، والغريب أنه منذ أن حدث ذلك لم تحكِ سميحة شيئاً عن حبها الحقيقي هذا لأصدقائها، ربما لأنها تيقنت أن قصص الهوى لا تُزرع إلا مع ضوء القمر، ولا تنمو إلا في الظلام.

رن الهاتف ولم تعر اهتماماً لإصبع قدمها الصغير الذي صُدم لتوّه بقدم السرير، قفزت على الهاتف، وسحبت سماعته على أذنها، لم يكتمل اطمئنانها إلا عندما سمعت صوت أنفاسه:

– الآنسة «س» معي؟

قبل أن يفتح فمه يبدو أنها عرفت أنه هو مِن صوت أنفاسه، فلقد أخذت نفساً عميقاً، وكأنه خرجت مع النفس كل عبارات اللوم التي أعدتها، وكل الاحتمالات التي أذابت رأسها من التفكير فيها، ويبدو أنه عرف أنها الآنسة «س» من نفسها الطويل.

– آسف كانت حرارة الهاتف مقطوعة.

وكأن هناك شيئاً يعقد فمها، لم تفق لحديثه سوى بعدما نقرت خدّها دمعة، وكأنها تؤكد لها أنها لا تحلم، وأنه لم يَقتل ولم يُقتل على يد والده، وقبل أن تخرج أول كلمة كاملة من فمها سمعت صوتاً أنهى كل شيء، صوت امرأة كرهته وهي لم تعرفه.

– من تُحدث يا حبيبي، ألن تذهب للمدرسة صباحاً؟

لم تستوعب حتى صوته وهو يعتذر لها ويغلق الهاتف، حينها

لم يكن هواء غرفتها كله يكفيها لتلتقط أنفاسها، كأن يداً تربط على عنقها، حرارة أشعلت جسدها بدأت من رأسها في شتاء يناير، فتحت النافذة على مصراعيها وخرجت، وقفت بقميصها الأبيض، أفضل الاحتمالات سخيفة، هل تلك أمه التي قُتلت على يد والده؟ أم زوجته؟ وأي مدرسة وهو طالب جامعي! وعن ماذا كان يعتذر؟ على غلقه للهاتف، أم على كذبه؟ هل كانت حمقاء لهذا الحد؟ تنظر خلفها لتجد الفستان الذي أخرجته من دولابها منذ دقائق لتنزل وتبلغ عن اختفائه بالقسم، المناديل الغارقة بماء أنفها التي تصطحب دموعها كلما بكت، صينية غدائها التي لم تقترب منها، ولم تقترب من أي طعام منذ يومين، كيف كانت ستضحي بسمعتها منذ دقائق لأجله، أو ربما حياتها فور علم أهلها بالقصة، كلما تنظر للفستان تضحك، وكلما تنظر للهاتف تتعالى ضحكتها، ولم تعبأ باستيقاظ أهلها على صوتها، كل شيء كان مثيراً للضحك يومها، كل ما في غرفتها يدعو للضحك، وأكثر شيء كان بلاهتها، لم تبكِ سميحة يومها إلا عندما كانت تأكل، فكانت تأكل حينها دموعها التي كانت تتساقط كالمطر على طعامها، جالسة على سريرها مستمعة لصرخات حبيبة جارها، ونسوة الحارة يهتكن جسدها، وسباب جارها الذي تنزل على رأس العصيان، وصرخات وسُباب من رجال الحارة ونسائها الذين عزموا على قتل ذلك الشيطان الرجيم المصاحب لاجتماع رجل وامرأة، لا تعرف سميحة كيف فعلت ذلك، كيف أيقظت والدها وأخبرته عن جارها، كيف أخبرته عن سر كان منذ دقائق أطهر سر تمتلكه، كيف تلوث الآن؟ والأهم كيف للمرء أن يشعر منذ دقائق أنه أبله في روايته، والآن يختار أن يكون الشيطان الرجيم في رواية الآخرين!

لستِ وحدك.. أنا أيضاً

لم أكن أعرف سر صمتها، لِمَ لم تتكلم وتدافع عن روحها؟ ربما كانت تخشى شيئاً ما، أعلم أن القرار ليس سهلاً، ولكنه أصعب كثيراً من شكلها وهي تَلوى بجسمها النحيل على الكرسي القلاب، متأكدة أنها إن فعلت ستجد نفس مصيري، وكأن الرواية تتكرر باختلاف الفتيات، أتذكر جيداً حين قررت أن أخلع صمتي، ونظرت إلى وجهه وهو خلفي، كان رجلاً مسناً، أكل الشيب شعره، ذا وجه يعج بالحفر، وأنف كبير مليء بالنقاط السوداء، مرتدياً قميصاً أبيض وبنطالاً أسود، أتذكر حينما صرخت في كل من بالعربة، وأخبرتهم أن يد هذا المسن المرتعشة قد تسللت إلى أسفل ظهري وتحسّسته بطريقة لا يفهمها سوى الفتيات، يومها لم أجد سوى الصمت مخيماً على الجميع، ولم يتحرك منهم سوى نظراتهم التي أخذت تنهشني وتتخلل ملابسي، التي كانت عبارة عن بنطال فضفاض و«تيشرت» بأكمام منسدلة، لم تكن شفتاي مصبوغتين بأحمر شفاه حتى، والغريب أنني حينما قررت التخلي عن صمتي، نظرت حولي لأجد أن جميع من بالعربة معي رجال، ولكنني اكتشفت فيما بعد أنهم ليسوا سوى ذكور، أتذكر حينها صوت القرآن الخارج من الراديو الذي أسكته السائق عند سماعه صوت صراخي، كان رجلاً مِلتحياً مرتدياً جلباباً أبيض وعمامة، كدت أجزم أنه سيتعارك مع ذلك المسنّ، وانتاب خيالي بعض المشاهد

الواهية، سيصفعه ومن ثم يطرده خارج العربة، ولكني كنت أُخادع نفسي أو أُطمئنها، سمع شكواي، ومن ثم سألني ما بك؟ لم أدرك ماهية السؤال، ظننت أنه لم يسمعني فأسكت إذاعة القرآن ليصغي لكلامي، أخبرته بأنني تعرضت للتحرش من قبل الرجل الجالس خلفي، ثم سألته «أسكت؟»، كدت أبكي حينها، كنت أتحدث وأنا لا أستطيع التقاط أنفاسي كالعادة عندما أوضع في موقف أواجهه لأول مرة ولا أتمكن من التصرف، أخبرني بشيء من اللامبالاة «لا متسكتيش.. خدي حقك يا آنسة».

حقاً! كل ما فعله أنه أعطاني الإذن لآخذ حقي! لا أعلم ماذا أصابني، الفتاة الوحيدة بالعربة، لم أُرِدْ أن أخذل نفسي أنا أيضاً، ولكنني فعلت عندما كانت ردة فعلي فقط عدم الصمت، لقد أهنته وأخبرته كم هو حقير، ولكن بعدها شعرت بالخُذلان، كنت أسير في شارع مكرم عبيد، أجلد نفسي، لِمَ صمت! لِمَ لمْ أصفعه على وجهه! لِمَ لمْ أقبض على يده وأسلمه لأقرب عسكري شرطة في الشارع، حينها أحسست أنني رخيصة، نعم! من تتعرض لذلك في نظري وتكون ردة فعلها الصمت ما هي إلا راضية بما يحدث! تلك كانت وجهة نظري حينها، أسير والدموع تنهمر مني، لأجد من قرر أن يزيد من همي حينما مررت عليه، وفتح لي باب سيارته، ما هذا؟ هل حقاً أنا رخيصة عندهم لتلك الدرجة! تلقائياً ربطت بين الأحداث، هل يعلم ذلك الذَّكر ما حدث لي منذ قليل؟ قلبي يؤلمني حقاً، يزداد عدم قدرتي على التنفس، أكملت طريقي وفجأة وقفت أمام كشك سجائر، مسحت دموعي بطرف كمّي وعُدت لهذا الشاب من جديد، لأجده باسماً، من

المؤكد أنه ظن أنه انتصر وسأركب معه، قال لي والابتسامة تشق شفتيه «يلا بينا»، حينها صرخت فيه ونعته بنعوت كئيبة كان أكثرها حقارة «أنت بني آدم قذر»، فوجئ الشاب من ردة فعلي ركب سيارته وانطلق على الفور، أعين الناس تراقبني وتفضحني من جديد، ربما ظنوا أنني مجذوبة، ولكنني لم أشعر بالخجل حينها، تمكنت من أن أتخلص من بعض ما بداخلي من شحنات غضب، حينها فقط تمكنت من السيطرة على دموعي، لم أتمكن من فهم أي شيء من محاضراتي، كنت شاردة الذهن، أفكر وأفكر أنني أريد الانتقام من ذلك المسنّ، كيف ولن ألقاه مرة أخرى؟ كيف! حتى إن التقيت به وثأرت لنفسي، فماذا سأخبرهم؟ بأنه قد تحرش بي منذ يوم؟ أو شهر؟ أو ربما سنة؟ كم أنا ساذجة، دخلت دورة المياه، وكشفت ملابسي عن جسدي وأخذت أتطهر بالماء من نجاسة يد هذا النذل على جسدي الذي أصابه الثقل، شعرت به يؤلمني، مسحت ومسحت وجلست بضع دقائق، ثم خرجت، كانت زميلاتي أحسسن بشيء غريب قد حدث لي، لم يكن من طبيعتي الصمت، فأنا أكثر فتيات مدرستي مرحاً، أضحك على كل شيء حتى على الأمور التي قد تبدو تافهة للبعض، وعندما بدأت الاستراحة اقتربت مني صديقتان وسألتاني «ماذا لحق بكِ؟»، ولكنني أنكرت في البداية، وأجبتهن «لا شيء، لا شيء»، ولكن من كثرة إلحاحهما قررت أن أحكي، لأخفّف عن نفسي بما ستقولان لي، اعتقدت أن كلامهما لي سيكون عبارة عن كلمات ترضيني، ستثبتان لي أنني فعلت ما كان يجب عليّ فعله، وأنه لم يكن بوسعي أن أفعل ما هو أكثر، سيكون كلامهما كالمضاد الحيوي، سيخفف ما بي من كسرة نفس، ولكنني ذُهلت بسؤال إحداهما «متأكدة أن لا أحد بالعربة

يعرفكِ؟»، لا يا آمال لِمَ؟ أجابتني آمال بعبارة زادتني بغضاً على
نفسي، وحملتني أكثر مما بي؛ «إحمدي ربنا.. كان هيبقى شكلك إيه
لو كان حد منهم شافك؛ أكيد كان هيقول للشارع كله وهيوقف حالك»،
ماذا تقول؟ ولِمَ هذا؟ هل أذنبت ليقلل ذلك من شأني! ندمت لأنني
أخبرتها، ندمت لأنني تفوهت بكلمة لأحد، لم تكن تلك هي الكلمات
التي انتظرتها.

لم أستطع استكمال محاضراتي التي كانت ستنتهي السابعة مساءً،
أخذت الإذن بالرحيل، ولكنني عاهدت نفسي إن حدث ذلك معي
مجدداً لن أصمت، ولن أتفوه بأي كلمة لأحد، سأجعل يدي هي التي
تتصرف، سأضربه، نعم سأفعل، فحتى حينما قررت أن أسير وفق
القوانين وأمسكت بطفل لم يتعد سنواته العشر، وحاولت أن أقوده
لأقرب قسم شرطة، اتهمني العابرون بالجنون، طفل ومتحرش كيف
هذا! لا بد أنني أُصبت بالجنون فعلاً! أفلتوه من يدي، أتذكر اتهامات
السيدة العجوز التي أخبرتني أني بذلك أُضيع مستقبله، حقاً! أنا من
سيفعل! كرهت جسدي، كرهت الشارع، كرهت هوايتي المفضلة،
السير في شوارع القاهرة، وشرب العصائر المثلجة، وأصبحت أمنيتي
حينها هي محاولة الحصول على مبلغ مالي لأتمكن من الاشتراك
بأحد النوادي الفخمة لأجري وأتمشى كما يحلو لي، كل ذلك مر عليّ
كالسحابة السوداء فور رؤيتي لتلك الفتاة، ذكرتني بنفسي، فرغم كثرة
انتفاضة جسدها النحيل، وكأنها تشبه حبة فشار تحترق بحلّة ساخنة،
إلا أنه لم يهتم، وظل يتحسّسها وهو يتلفت يمنة ويسرة، لا أعرف
هل شعر هذا المسن بنظراتي له؟ لا أعلم، ولكني أعتقد أنه حتى إن

حدث فلِمَ يكترث بي وصاحبة الشأن صامتة! إن لم أكن أرى نظرات البغض والكره بعينيها الصغيرتين لظننت أنها راضية عما هي فيه، صراع بداخلي هل أتحدث؟ هل أُوقف هذا الوحش عند حده؛ ولكن ماذا لو أنكر فعلته؟ هذا طبيعي أن يحدث، فلا يهم سأتحدث.. ولكن ماذا لو أنكرت هي الأخرى؟! أسئلة كثيرة تمنعني من التفوه بكلمة، وضميري ينازع صمتي، ويشعرني بالخجل من ذاتي، لِمَ أنا فقط من رأى هذا؟ هل ذلك اختبار من ربنا؟ أم إنني في اختبار مع ذاتي؟ أم وضُعت بهذا الموقف لإنقاذ هذه المسكينة! آه يا ربي، بينما تقرر الكلمات أن تخرج على لساني تطلب الفتاة الصغيرة من السائق أن يُنزلها، تفحصت بعيني المكان، فعلمت أنها وصلت مدرستها، كانت تلك المنطقة هي هدفي أنا الأخرى، ولولا طلبها لكنت غفلت وظللت أسيرة لتلك الأسئلة الحمقاء نزَلَتْ ونزلْتُ وراءها، مررت بجانبه أثناء نزولي ولم أتمكن من منع عينيّ من أن تتهكما عليه باحتقار، فكل ما كان يشغلني حينها أن أمنع جسده القذر من أن يمسسني، ولو عن طريق الخطأ؛ أسير وراءها وأنا أحضر هيئة سؤالي لها، لِمَ صمتت! سأخبرها أن تحارب لتنتزع حقوقها، سأخبرها بما ستعاني إن قررت فعله، ولكن هذا ما كان يمليه ضميري علي، ظللت أجمع سؤالاً لها وأكرره على نفسي «لِمَ صمتِّ؟»، سأخبرها أن تحارب لتتمكن من العيش بكرامة، سأخبرها بما ستعاني إن قررت فعله، أسير وراءها في خطوات مضطربة رغم ظمئي، إلا أنني لم أتمكن حتى من استخراج قنينة ماء من حقيبتي، فكانت خطواتها سريعة جداً، وأخشى أن تتوه عن عيني، فأخبرت نفسي سأذهب وأحدثها أولاً، ولكن أين تلك الفتاة؟ دخلت مدرستها الثانوية قررت أن أدخل وراءها؛ ولكن

منحتني إحدى العاملات بالمدرسة، فوقفت أمام البوابة، وظللت أبحث عنها بعينيّ، مذهولة أمام مئات الفتيات اللواتي يرتدين نفس التنورة ذات اللون الرصاصي، ونفس البلوزة الوردية؛ اختفت المسكينة، أين أنتِ منهن يا صغيرتي؟ فربما أنتِ كُلهن.

ترقية إلى السماء

الصراخ يتعالى، والجميع يركض نحو الصوت، ولا يوقفه حتى سؤال آخر عن ماهية هذا الصوت ومصدره، إلا إن كان السؤال قادماً من رتبة أعلى من الراكض نحو الصراخ، فحينها يقف الرُتبة ويُلقي التمام على قائده، ويخبره في سرعة بالكلام لا يتبين منها سوى «البك جاويش صالح مُمسك بسلاحه، وأقسم بالطلاق ثلاثاً أن يفرغ كل رصاص عهدته في رأس التشريفة الجديدة»، ليهرع القائد وخلفه من سأله لتوّه مع الحرص على ألا تسبق رُتبة رُتبة أخرى أعلى، شهد السجن الحربي بطوابقه الثلاثة وضلعيه الاثنين المخصص لكل منهما سلم منفرد، العديد من الصرخات المختلفة في طبقاتها واهتزازاتها وترددها، وبالتأكيد صداها، خاصة في خمسينيات القرن الماضي، لكن تلك المرة الأولى التي يكون فيها مصدر الصوت من سجان، وليس مسجوناً ومن مَن؟ من البك جاويش صالح، ذلك الكهل المقبل على عقده السابع بعد بضع سنوات، الذي لا يخرج له صوت طوال مدة خدمته، وإن حدث وخرج يُخرج صوته على هيئة صراخ! كهل نحيل تمتد بطنه عدة سنتيمترات عن جسده، ترتعش يده وهو ممسك بسوطه، مقرمش الوجه الخالي من أي تعبير، وغير الدال على أي شيء، فلا يمنحك أي انطباع حوله سوى عمر فوق عمره، فلقد تشعر فور رؤيتك له أن ذلك الوجه الجاف قد يتفتت إن ابتسم أو

أدلى بأي تعبير، وربما لذلك لم يفعل يوماً صالح ويُدلي بأي تعبير، فما الذي قد يدفعه لقتل تسعة طلاب جامعيين وصلوا لتوّهم صباح اليوم إلى السجن، ولقد نالوا حظهم من «التشريفة»، وهي التعذيب الاحترازي قبل المواجهة بالاتهامات المنسوبة للمتهم، تعذيب يُسهل عليه وعليهم الاعتراف، والذي يكون عادة إحدى عشرة جلدة وبضع صفعات عشوائية المكان والمصدر، أما الطلاب الجامعيون فعظامهم رقيقة واعترافاتهم سهلة، فيكتفون بخمس جلدات، ومعظمهم يعترف قبل الانتهاء منها، إذاً ما يدفعه للخلاص منهم ولم يعترف أحد بعد؟ كلما اقترب أحد من زملائه الجاويشات منه ليسأله هذا السؤال تهكم عليه، ويقسم قسماً آخر بالطلاق ثلاثاً أنه لن يتحدث إلا بحضور البكباشي بنفسه، زاد قسمه هذا حفيظة الصول نجاتي الذي أيقظه لتوّه جاويش وأخبره بما يحدث، أشار حضرة الصول لثلاثة من الأونباشيات بإبهامه، ولقد فهموا مهمتهم، وهي الصعود وجلب البك جاويش مكتوف الأيدي، وقبل أن يصعدوا سلالم الدور الأول لمحهم صالح، وحينها أشهر سلاحه باتجاه وجه الصول:

ـ قسماً برب العزة إن اقترب أحد فسأطلق عليك قبلهم.

ليصرخ الصول في الأونباشيات لينزلوا، وهو يحاول فتح عينه فتحة كاملة ليستوعب ما يحدث، فيبدو أنه أمر جلل لن ينتهي بحركة من إبهامه، رفع الصول رأسه ليرى من الحوش البك جاويش صالح مشيراً بسلاحه على رأس أول طالب في الصف، صف صنعته العقدة التي تربط أيديهم أثناء نومهم، وهم عهدة في عنقه حتى يستخرج منهم اعترافاتهم، حينها يخرجون من عهدته، بل لا يصبحون عهدة

في عُنق أحد حينها، وهنا استوعب حضرة الصول أن الأمر يحتاج تركيزه التام فصرخ في البك جاويش:

- ما تفعله لن يكون في مصلحتك، هؤلاء عهدة، اقتل نفسك لو تود ذلك لكن..

قبل أن يستكمل الصول جملته، هب فيه صالح كالنار بلهجته الصعيدية:

- أقتل نفسي كيف يا مخبول أنت؟ هل حينها ستنفذون طلبات سعادتي يا أبله!

نظر الصول حوله على أوجه الأونباشية والجاويشات، بل والبك جاويشات ليُطمئن نفسه، أن لا أحد يضحك منهم ساخراً عليه، وأن ما سمعه منذ ثوانٍ مجرد تخيلات.

- ستحاسب عما قلت يا كلب.. ستعفن في الس..

قبل أن يُكمل الصول وصلة تهديداته أطلق صالح رصاصة في الهواء غيرت لهجة حديث الصول مائة وثمانين درجة:

- ألم تحصل على ترقية منذ يوم يا بني؟ ألم تصبح بك جاويش، وستنتقل غداً إلى نقطة شرطة قنا، وستؤدي عملك بين أهلك؟ بماذا قصرنا معك؟

- لا أرغب بها.

- في ماذا؟

– الترقية... ألم يخبرك البك جاويش عادل ما حدث أمس؟

حينها أصبحت لهجة صالح القوية الصارخة أخرى، كادت تجهش بالبكاء، أشار صالح إلى البك جاويش عادل أبو الدهب الذي في عمر أصغر أبنائه، وأخذ يحكي في حسرة عن توسلاته له أمس، وتقبيله لقدمه لإلغاء تلك الترقية التي ستُزهق روحه، فمنذ ثلاثين عاماً عمل فيها صالح بالسجن الحربي على أكمل وجه، كان يجلد من يؤمر بجلده، ويذل من يؤمر بكسر عينه، ويخرج اعترافات من أي متهم يقع تحت يده، لم تكن سلطته تكمن في يده فقط، بل صوت صفارته أيضاً، فبها فقط كان يُدخل المساجين زنزاناتهم ويخرجون منها، ثلاثون عاماً لم يرَ فيها زوجته سوى شهر كل عام، كان ينزل فيه متخفياً من أناس وقع حظهم بالسجن تحت يده وهو عبد المأمور، كان قادراً في هذا الشهر بشبابه أن يملأ رحم زوجته بمولود كل عام، ومصاريفهم كانت تُرسل لهم عبر ساعي البريد، كان يخرج كل عام ليلتقي زوجته، ثم أصبح يلتقي أولاده، والآن يخرج صالح ليرى من جاء جديداً للدنيا من أحفاده، فكيف أن يكون جزاؤه بعد ضياع سنوات عمره في هذا السجن هو القتل برصاصة شاب، أو ربما كهل من بلده وقع تحت يده داخل هذا القسم الذي فيه استخرج اعترافات من أجيال بعد أجيال، المساجين لا يرون سوى وجوه الأونباشيات والبك شاويشات، وهم مجرد جلادين وليسوا قضاة! وفي النهاية يُقبل قدم صبي في عمر صبيانه ليتنازل عن أمر ترقيته، لكنه يرفسه بقدمه! امتلأت عين صالح بالدموع وهو يحكي، ولقد سقطت إحداها على وجه الصول الواقف بحوش السجن، وقف الصول في مشهد مهيب

لأول مرة يشهده السجن الحربي بالإسماعيلية، بل أول مرة يمر على سجن، كيف للصول أن يصمت ويكون المتكلم هو مجرد بك جاويش!

لام حضرة الصول البك جاويش عادل في مشهد هزلي، ثم رفع رأسه لصالح وأمره أن ينزل ويسلم سلاحه ووعده بحل الأمر:

– هل أنت مجنون؟ أم أصمّ؟ أخبرتك أنني لن أتحرك إلا بحضور البكباشي عمر.

انضم اليوزباشي رأفت لتوّه لهذا الجمع، ولقد تزلزل العنبر «أ» من صوت تأدية هذا الجمع التحية العسكرية له، لقد وصل الخبر لمكتبه منذ دقائق، لكنه لا يتحرك كعادته إلا بعدما يشرب قهوته الصباحية، وهو ما فعله، رفع رأسه لصالح وبنبرة هادئة، لا تزال غفوة النوم تسيطر عليه:

– انزل يا صالح.. وسأنفذ ما ترغب به.

كيف أصدقك يا كاذب يا ملعون؟ أتذكر عندما تقيأت بتلك الكلمات من قبل لجماعة يساريين للحصول على اعترافاتهم، وأين هم الآن؟ أخبرني أين يا ملعون؟

– انزل يا صالح، انزل يا عديم شرف المهنة، ما تفعله لن يفيدك، إن كنت تظن أن البكباشي سيأتي لك خصيصاً فيا لك من غبي.

حينها لم يخرج صالح صوته من فمه فقط، بل أصبح أنفه يدعمه بوابل من اللعنات:

– خخخخخ شرف؟ عن أي شرف تتحدث يا حرامي البُن

البرازيلي، أخبرني من أين أتيت ببن قهوتك اليوم، أليس من بُن مكتب البكباشي؟

رحل اليوزباشي وعاد لمكتبه بعدما رمق صالح بنظرة توعد، الجميع يقف في ترقب، لم يقفوا صامتين في بادئ الأمر، فكل منهم يُذكر صالح بأم أولاده وبأولاده وأحفاده الذين لن يراهم بقضائه المتبقي من عمره في السجن، تارة يسب صالح ويلعن من شعر في لهجته نوع من التهديد، وأتى له بتاريخه الأسود منذ تعيينه، فالجميع هنا يعرفون خفايا بعضهم السوداء، وتارة أخرى وأقل طمأن من نصحه أن فور حضور البكباشي فسيُسقط الترقية، ويظل يمارس عمله هنا معهم، فالسجن الحربي لم يعد يحتاج إلى بك جاويشية حتى حل الصمت لدقائق، بل ساعات، ولقد قطعه حضور البكباشي الذي اهتزت الأرض بدخوله مرة أخرى، لقد أدى الجميع التحية العسكرية حتى صالح فعل، كان البكباشي عمر ممسكاً بورقة لفّ حولها حبارة وألقاها بالدور الثالث لتقع بجانب قدم صالح، وغادر البكباشي على الفور، فتحها صالح ليجدها إسقاطاً لأمر ترقيته، عرفت الابتسامة أخيراً طريقها لوجه صالح، ابتسامة لم تكسر وجهه المتحجر، بل أخفت بضعاً من علامات العجز، تأهب جميع من في السجن من مساجين ومسجونين؛ من أونباشية وصاغات؛ ممّن أحب صالح ومن لم يكره غيره، ليروا ما ينتظر صالح من عقاب، فلا بد أن يكون لكل خطأ عقاب، خاصة في مثل هذا المكان الذي يُقام فقط على مبدأي الصواب والعقاب، وهو ما لم يحدث! أدى صالح مهامه بقية اليوم كجاويش دون جزاء أو عقاب عما ارتكبه، بل تمادى صالح

وتأخر عن إخراج مساجين عنبر «أ» لفسحتهم الصباحية، وتلك المرة الأولى التي يفعل فيها ذلك، حينها اعتزم الصول نجاتي على معاقبة صالح، فإن لم يفعل البكباشي فسيفعل هو، وبالفعل أحضر اثنين من الأونباشية لِيُكتفوا صالح، وذهبوا لعنبر نوم الجاويشات، ليجدوا صالح مُلقى على الأرض، ممسكاً بسلاحه بيد وبالأخرى سوطه، محدقاً للسماء بوجه أزرق، وبذلك كان الجاويش صالح هو أول وآخر من لم يعاقب على كسر القواعد العسكرية.

حتى آخر رجل

نهض من سريره، وهو الذي لم تغفُ عينه طوال الليل، فلقد ظل
مستلقياً عليه، محدقاً بسقف غرفته كل تلك الساعات؛ فمن يعرف
أنه سيزج به في السجن غداً وتغفو عينه؟ انتقى ملابسه بعناية؛
فصورته ستنشر اليوم لأول مرة على الصفحة الأولى كمجرم أفسد
مؤتمراً رئاسياً، شرب كوب النسكافيه الذي ربما سيكون آخر كوب
له لسنوات، وتلك هي المعضلة الكُبرى، فسامي لم يحلم يوماً بامتلاك
بيت أو استقلال سيارة، فغرفته المستأجرة تكفي لمكتبه وسريره، ولا
يجد مشكلة في ركوب الأوتوبيس، ففي الأغلب كان يجد مكاناً له
فيه بعد منتصف الطريق، بينما اجتمعت رغبته الوحيدة ومتعته في
الحياة داخل كوب من النسكافيه الأمريكي، فتلك الأشياء الصغيرة
هي ما تبقيه على قيد الحياة، شعوره باستنشاق هواء نسيم الفجر كأول
شخص يدخل رئته هذا الهواء الجديد مع شعوره بكفايين النسكافيه،
وهو ينغمس في دمه مع كل رشفة، وأن تدمع عيناه واقفاً بشرفة
غرفته على أغنية «ليالينا» لوردة التي تذيعها محطة راديو بالمقهى
المقابل لغرفته، أن يشعر بغليان دمه كلما رأى ظالماً، وألا تنطفئ
رغبته في نصرة كل المظلومين، وهو يتصفح أخبار أطفال الحجارة
بالجرائد الصباحية، تلك الأشياء الصغيرة لا تشعر سامي بالبقاء
على قيد الحياة، بل هي ما تُحييه بالفعل، وإن كان المرء يعيش على

هذا الهواء الدافئ المنثور حوله، فالدفء بداخل قلب سامي يعيش عليه، نزل ولأول مرة يُطيل النظر لأم عادل صاحبة البيت وابنها عادل الذي يعيش على قوت أمه، ويسأل نفسه كيف يمكن ألا يراهم مرة أخرى؟ حتى ليعرف مصير كتبه، بالتأكيد فور سجنه سيلقون بأثاثه من النافذة، ويبيعون كتبه بالكيلو، وكيف يتيقن أنهم سيفعلون ذلك، ومع هذا يشعر أنه سيفتقدهم! سار في الشارع وكأنه يودع كل ما به، جلسات الصبية «الحشاشين» على ناصية الشارع، أصوات صراخ الأطفال المنفرة، أدخنة الفرن التي تصيبه بالانتفاخ، ورائحة الملابس المنشورة التي تشبه رائحة حمض البروبيونيك، حتى سائق الميكروباص الذي تهيئه المصادفة له بوقوفه على أول الشارع في أثناء رحلة ذهابه للعمل كل يوم، يصرخ السائق في الزبائن ككل يوم أيضاً «الأجرة ناقصة، من لم يدفع إلى الآن؟».

يسأل الركاب بعضهم بعضاً، بل يبدؤون في إلقاء التهم على بعضهم بعضاً، ويبتسم سامي مراقباً الركاب، ومنتظراً انتهاء تلك الفقرة بإعلان السائق براءة ذمتهم ودفعهم جميعاً للأجرة، ثم يعتذر معللاً هذا بخطأ كان لديه في الحساب، وفقط سامي الذي يعرف حيلة ذلك السواق الأمي، والتي يبتدعها مع كل حمولة ليلتقط أحد الزبائن الأجرة ويعدها له، وليضمن عدم هروب أحد من دون أن يدفع، والغريب هو شعور سامي بأنه سيفتقد حتى هذا المحتال وسؤاله واتهاماته اليومية.

وصل سامي إلى البوابة الرئيسية لنقابة الصحفيين، شريف لم يصل بعد، فوقف سامي تحت ظل شجرة مواجهة لبابي النقابة، وبدأ

في تكرار ما سيقوم ويقصف به الرئيس، وسط العشرات من كاميرات البث الحي، سيواجهه بزملائه الصحفيين المحتجزين لسنوات داخل أسوار السجون في قضايا رأي، سيحكي عن عذابهم وعذاب ذويهم، عن حسن بركات الذي زج به في السجن الاحتياطي لعشر سنوات مع التجديد إلى الآن؛ بسبب كاريكاتير، سيحدثه عن حسب الله عبد ربه الذي تم فصله من رئاسة تحرير جريدة المساء، اعتراضاً على سياسته التحريرية، وتعيينه في السجل الإداري للجريدة، حتى تجلط دمه وفارق الحياة مجلوطاً، وعن عفاف السيد وسامية عبد ربه اللتين أجبرتا على الخضوع لكشف العذرية لوقفتهما الاحتجاجية ضد تمديد خطوط الغاز لإسرائيل، وذلك قبل الإفراج عنهما بساعات لكسرهما وضمان سيرهما جانب الحائط، بل داخله إن تمكنتا من ذلك.

سيصرخ هو وشريف بكل ما لديهما من صوت، ويطالبان الدولة التي كشفت شرف زميلاتهن بالتوقف عن تعرية الباقيات، وأن تفرج عمن تبقى تحت يدها، ثم سيهتفون باسم جمعيتهم الهادفة للحقوق والحريات «حتى آخر رجل.. حتى آخر رجل»، ولكن أين شريف؟! فالساعة تخطت العاشرة إلا ربعاً، وسيبدأ المؤتمر بعد دقائق، ولقد كان من المفترض أن يلتقيا التاسعة! هكذا اتفقا أمس، عندما طرق شريف بابه ليلاً ليحضرا معاً ما سيفجرانه صباح اليوم، رغم حماس شريف إلا أنه كان مفزوعاً مما سيحل به بعدما يفعل ما خطط له، كان صوته يرتعش قبل يده، وصلعته كانت تتصبب عرقاً، بل كل ما فيه كان غارقاً بالعرق، هل قُبض عليه أمس؟ فلقد كان يحمل مقالات طبعها لنا سميح زميلنا بمطبعة الجريدة بعد انتهاء الوردية المسائية،

وعزم شريف على أن يوزعها في المؤتمر صباحاً، ولكن إن فعلوا فلم يمسكوا به إلى الآن! جرى باتجاه الهاتف المثبت بأحد أعمدة النور بالشارع المقابل للنقابة، يبحث في جيبه عن عملات الهاتف ولم يجدها، أصابه الجنون وهو الذي لا يخرجها من بنطاله قط، أفرغ جيوبه وألقى محتوياتها على الأرض، أوراق مالية؛ بضعة مناديل ورقية معظمها مستعمل، حتى لمح أخيراً وسط تلك الأوراق عملة هاتف تلمع، ولكن شريف لا يرد! لقد فعلها الكلاب، وبالتأكيد تمارس عليه كل سبل العذاب الآن، ويرفض ذكر اسمه، وهذا كان التفسير الوحيد بالنسبة لبقائه دون قيود بيده حتى الآن، جرى سامي وهو الذي لم يكن يعتقد أنه قادر على الجري بتلك الطريقة ولو أقسم له ولي من أولياء الله، ولقد وصل إلى البوابة، فلا بد أن يفعلها، فأصدقاؤه المظلومون ازدادوا واحداً، طلب الأمن منه الدخول من البوابة الثانية نظراً لتأخره؛ ولم يجد سامي تفسيراً لفعلهم هذا سوى أنهم يعرفون كل شيء حتى ما يدور برأسه الآن، ولكنه طاوعهم وذهب للبوابة الثانية التي وجد عليها صفاً لم يستطع رؤية بدايته، صف يعرف واحداً فيه، إنه سميح، والذي يعلم كل العلم ما سيفعلونه اليوم، ولقد رفض مشاركتهم أي خطوة سوى أنه طبع لهم المقالات التي سيوزعها على الصحفيين بالمؤتمر، وكان سبب رفضه وجيهاً «ليس لدي مزاج للسجن»، ظلت الأسئلة تأكل في رأس سامي «هل بلغ سميح عنا؟ ولكن إن حدث فلِمَ تركوني إلى الآن؟ ربما بلغ فقط عن شريف»، تلاقت عين سميح بسامي وقبل أن تمتد ابتسامة سميح له رمقه سامي بنظرة استحقار أخبره فيها كم هو ضئيل! ولم يرد سميح على النظرة تلك سوى بنظرة

استعجاب ضاعفت من حيرته، دخل سميح بعد مروره على جهاز الكشف عن المتفجرات، فيقف كل منهم أمامه لعشر دقائق ليخبر الأمن إن كانوا يحملون في أجسادهم متفجرات أم لا، وكان ذلك هو سبب تعطل الصف، ظل سامي يتأفف وهو ينعت الجهاز بالغباء كمن وضعه، فمن سيقتل رئيس دولة عربية بالمتفجرات! من سيرضى أن يسبق اسمه بالشهيد الرمز الراحل! وبدلاً من أن يتندر الناس بظلمه سيقرؤون له الفاتحة ويدعون أن يلحقوا به بجنة الخلد، فالقتل هو أغبى وسيلة لمواجهة الظالمين في نظر سامي، جلسوا وكان العدد أكثر مما اعتقده سامي، كان ينظر لهم سامي واحداً تلو الآخر، ويخمن سبب تلبيتهم الدعوة، فمنهم من جاء لالتقاط صورة بصحبة الرئيس؛ صورة سيتغنى بها لأحفاده بعد عقود، والكثير منهم قد جاء للبوفيه المفتوح الذي سيشمل بالتأكيد جميع أشكال البروتين الذي خلقه الله، وأغلبية هؤلاء الكهول الذين جاؤوا لينالوا الرضا الذي ستتبعه حظة من ترقية، أو التعيين بمبنى التلفزيون، وتدشين برنامج خاص له ينشد فيه بكلمات الحكومة العظيمة، ولا بد أن هذا السخيف الذي كلما انتهى الرئيس من فقرة ذيلها بصفقة طويلة، ولم يستطع سامي منع نفسه من البحث عنه بعينه فيلتقت ويجد شريف! لكنه لم يكن شريف الذي يعرفه، كان شريف آخر بالكاد تعرف إليه بعدما غيّر شعره المستعار ملامحه، لم يستطع سامي كتم ضحكته أكثر من ذلك، وهو يراقب شعر شريف المستعار الذي ركبه لأول مرة اليوم، وهو ينزلق من على صلعته أثناء ما كان يصفق بكل حماس لديه، تعالت ضحكته وكلما نظر له أحد أصدقائه استنكاراً أشار له بإبهامه على شريف

وشعره المستعار المثير للضحك، فيضحك زميله أيضاً حتى امتلأت القاعة بالضحكات، فأخرجه الأمن حتى وهو كان يخرج كان يضحك، وظل سامي يضحك طوال الليل، حتى غلبه النوم، وفي الصباح لم يجد صورته في الصفحة الأولى كمجرم حاول إفساد مؤتمر رئاسي، بل كانت صورته تلمع بصفحة الحوادث تحت خبر معنون بفصل صحفي كُشف اختلاله العقلي، وتكفل النقابة بنفقات علاجه.

إنهم يعرفون كل شيء

قرأ الورقة عدة مرات، حتى كاد أن يحفظها، ولم يكن مترددأ في الإمضاء بقدر عجزه عن إدراك الموقف، فكيف يكون قد مات والده منذ دقائق وهو الآن ممسك بورقة زواجه، والمفترض أن يكون حاملاً تصريح دفن والده الذي حمل إليه خبره أشرف اللبان، الذي ألقى عليه الخبر وانطلق كالشهاب على عجلته، لم يتحرك من عليّ جفن، مستكملاً صنفرة قطعة الأرابيسك التي بين يده، حتى ألقى عليه الأسطى رفاعي قطعة خشب وصرخ فيه:

ـ أخبرك أشرف اللبان لتوّه أن والدك مات.. تحرك.

فلقد سمع عليّ الجملة من أشرف جيداً، ولكن ماذا عليه أن يفعل! فماذا يفعل الناس عند موت آبائهم؟ أسند عليّ المشربية التي لم يستكمل صنفرتها بعد إلى الحائط ونهض، مع نظرات الأسطى تيقن أن عليه فعل شيء ما، ولكنه لا يعرف ماهيته، فقرر أن يذهب لأمه ويخبرها لعلها تعرف المفترض فعله في تلك الظروف، كان يفكر في طريقه في صيغة يخبرها بها بموت ذلك الرجل، هل هي «مات أبي»، كانت جملة ثقيلة على صدره، ففكر في «مات زوجك»، ولكنه ليس زوجها الآن، فلقد تركهم منذ تسع سنوات، ظل يفكر في صياغات حتى وصل إلى أكثرها راحة لقلبه «مات مات ذلك الرجل الذي كان يعيش معنا

منذ فترة»، وظل يردد العبارة التي علم أنه لن يستخدمها فور ما وجد أمه وخلفها جدته مرتديتين السواد، صاعدتين بيت أبيه الذي يفرق بينه وبين شقتهم المستأجرة أربع عمارات، صعد عليّ خلفهما، بين كل دور وآخر آية قرآنية محفورة بماء الذهب، فتحت لنا سناء زوجة أبي تلك الفتاة التي لم تتجاوز الثامنة عشرة من عمرها، وتكبرني فقط بثلاث سنوات، وهي الوحيدة من بين زوجات أبي العديدات التي نعرفها، فور ما دخلنا أغلقت سناء باب الشقة، شقة لا تشبه شقتنا بل سرايا تحوي ما تحويه سرايات الأسياد، وتذكر عليّ كلام أمه له يوماً عندما أخبرته أن والده سيد من الأسياد، والآن فقط صدق حديثها، ولكن يعم في هوائها رائحة العطن والمرض، وكأن هواءها لم يتغير لشهور، لم يكن هناك شيء في مكانه بالشقة، فالسجاجيد تحمل بين أنسجتها رمالاً وليس أتربة، وكأن سناء كانت ميتة وأحياها الله لحظة وفاة زوجها، كان يراقب عليّ أمه وهي تختلس النظرات على الغرف في طريقنا لممر طويل بين كل خمسة أمتار به باب غرفة، لينتهي الممر بغرفة أبي، فور ما دخلنا الغرفة، وقبل أن نلقي عليه نظرتنا، بدأت سناء صرختها الأولى ولم تكملها، بعدما هبت عليها أمي وكممت فمها بكف يدها وصاحت فيها:

‏- انتظري.. ليس الآن.

أخرجت أمه جلباباً من خزانة والده، وبدأت في كيّها، ولا يعلم ما الذي تفعله أمي لهذا الرجل، أليس هذا الذي كانت تدعو ربها ليلاً ونهاراً ألا يأخذه في رمضان، وهو كان ينازع الموت حينها خشية من أن يدخل جنة ربه دون حساب، فمن مثل سعد الدين لا بد

من حسابهم حساباً عسيراً، من رائحة الجاز أدرك أن جدته تمسح الشقة، أما سناء فكأنها اختفت، ووالده في مكانه، ولأول مره يراه ثابتاً في مكان ما، ولأول مرة يكون بهذا الهدوء، مفتقداً مصدري سلطته صوته العالي المزعج المنفر، ويده الثقيلة الصلبة التي تحولت الآن لعصا تنظيف سقف، جسد نحيل متيبس داخل جلباب حريري مُلطخ ببقع الدماء، لا يقوى حتى إن عادت فيه الروح على فعل أي شيء، كيف لعليّ أن يفكر وقتها في أن يقفز على المرتبة عدة مرات، ويصدر ما أحب من الأصوات المزعجة التي ضربته بسببها تلك الجثة الهامدة، بل فكر في إزاحة جسد والده وتجربة النوم على تلك المرتبة، بل المراتب الثلاث، ثلاثة أكياس قطنية ينام عليها والده وهو يرتدي لباساً داخلياً من الدمور، لباس يحك فخذيه حتى يجرحهما إن تزايدت كميات الشغل لدى الأسطى رفاعي، اختفت زوجة أبيه ولم تعد للمشهد إلا بعدما نادتها أمه لتساعدها في حمل جسد زوجها، وتبدل عباءته المتسخة بأخرى فردتها لتوّها. لم أفهم ما الذي تفعله أمي! فتلك اليد التي تحملها بلطف الآن فقد هلكت من ضربها، تلك اليد لم تدعها وشأنها حتى بعدما غادر صاحبها من البيت وتتناسى أبناءه مع زوجته، يداً لم تحمل لها مأكلاً أو ملبساً، بل حملت لها السكين عدة مرات، والآن تمسكها أمه بلطف! هل كانت تدعو عليها ألا يموت في رمضان حتى لا يعتق دون حساب، أم كانت بذلك تدعو له أن يمنحه الله عمراً فوق عمره! فور ما انتهت الجدة من التنظيف دخلت على أمي الغرفة، تبادلتا النظرات لثانية، ثم أفرغت كلتاهما صرخات عديدة ومتتالية، صرخات تحسبها عند سماعها أنها حبيسة الصدر من سنوات، تصاعدت السيدات واحدة تلو الأخرى حتى امتلأ المنزل

بالسيدات، ولم تكد سناء تنتهي من توزيع القهوة حتى دخل فوج آخر، وأثناء ما كان يراقب عويل أمه ليعرف حقيقته، نادت عليه، وفور دخوله عليها أخرجت من صدرها نصف جنيه ومنحته بطاقة والده:

ـ اذهب للوحدة الصحية بالشارع المجاور لشارعنا، اسأل عن حمدي الزيناوي مفتش الصحة، امنحه الشهادة والنصف جنيه، واطلب منه استخراج تصريح دفن، سريعاً، وأخبره «موت بدون جون» وأننا «ولايا» وحدنا وليس معنا رجل، فاستعجله في إصدار الورقة.

ذهب عليّ وظل يكرر الكلام، وقص منه عبارة أنهم ليس معهم رجل، فلقد شعر بأن تلك الجملة تهينه، رغم رغبته في إنهاء المهمة سريعاً، إلا أنه لم يستطع مد خطوته أكثر من نصف متر، فالدمور كان يأكل في أفخاذه، وصل للوحدة الصحية، وفور ما دخل وجد رجلاً برأس أصغر من جسده، يخرجه من قفص خشبي جالس على مكتبه بداخله، سأله عليّ عن مفتش الصحة حمدي الزيناوي، نظر الموظف حوله، ثم كأنه تذكر الآن أنه ليس هناك، بل في القسم، سأله الموظف عن السبب، فمد عليّ له بالأوراق ولا يعرف كيف استطاع إخراج تلك الجملة من فمه، لكنها خرجت «توفي أبي لتوّه»، صرخ الرجل في زميله الذي يبعد عنه مترين جالساً على مكتبه في قفص مجاور:

ـ هناك قطعة في شارع السبتية.

تعجب عليّ من لفظ «قطعة» الذي أطلقه الموظف لتوّه على جثمان والده، هل كان يعرف والده أنه سيصبح يوماً ما مجرد «قطعة»؟ رد زميل الموظف:

– أستاذ حمدي الزيناوي يستلم قطعتين من قسم بولاك.. يمكنك الذهاب له، فدائماً ما يحمل الدفتر والختم معه.

خرج عليّ بعدما وصف له الموظفان طريق القسم، ولكنهم لم يخبراه كيف يصل إليه بهذا اللباس، لم يستطع عليّ التحمل أكثر من ذلك، دخل مدخل إحدى العمارات واختبأ خلف سلالمها وخلع لباسه وألقاه في مسقط العمارة، شعر بالارتياح الآن فقط، ليس التام، ولكن على الأقل لا تزداد جروح فخذيه، وحينها أخذ يجري إلى القسم حتى وصل إليه، وسأل عسكري الأمن عن حمدي الزيناوي، أشار العسكري لرجل عريض يكسر تناسق جسده بطن مدببة كبطن سيدة حامل بالشهر التاسع، فور ما اقترب منه عليّ وجده ينهض بسرعة البرق يصفع فتاة في عمر زوجة أبيه أو أصغر، ولكنها أكثر جمالاً من سناء، كان شعرها شديد السواد يتطاير من منديل شعرها، عيناها لوزيتان دائريتان كعين القنفذ، ورغم عدم تحديد ملامح لجسدها، إلا أنه يظهر عليه تناسقه من قفزاتها السريعة مثل مها صغيرة، والغريب أن دموع عينيها وأحمر شفاهها الذي ذاب على كامل ذقنها وخديها لم يزدها إلا حسناً، لا تتوقف الفتاة عن الصياح رغم الخوف الظاهر عليها، فلقد كانت تقترب تسب حمدي ثم تبتعد بسرعة قبل أن يمسك بها وسط تدخل الرجال والعساكر، كانت أشبه بذيل برص لا زال يناطح موته، ويرفض الاستسلام له حتى تدخل رجل أربعيني ذو رتبة عسكرية لا يعلمها عليّ، لكن يظهر سموها من احترام من حوله له فور خروجه من أحد مكاتب نقطة الشرطة، صمت الجميع باستثنائها هي، فتحدثت بصوت متقطع مُتهدج:

ـ اجلب لي حقي منه يا بيه، هذا الرجل من سنة شاهدني أسرح مع أبي في الموالد، عرض عليّ العمل كمغسلاتية للجثث، وافقت بعدما أخبرني أنني سآخذ ربع جنيه عن كل جثة، وأخذني لمنزل في الحوض المرصود، واعتدى علي يا بيه وهرب، أضاع مستقبلي، دفعني للهرب من أهلي بعد إجبارهم كتب كتابي، وإن حدث سأفضح العائلة ونسلها ليوم الدين.. عاوزة حقي.. أنا عاوزة حقي يا بيه.

انهارت الفتاة ولم تصمت بالإشارات التي حاول الضابط كتمها بها، فلم تغلق فمها إلا بعدما صرخ فيها الضابط واتجه بوجهه إلى حمدي الزيناوي:

ـ صحيح الكلام ده يا حمدي؟

وقبل أن يستكمل الضابط سؤاله، هب فيه حمدي:

ـ «تلاقيح جتت يا بيه»، اسألها ماذا تعمل.. اسألها يا بيه؟

ـ وما دخلك يا ابن الكلب بعملي؟ وما السبب في ذلك أليس أنت؟

وكأن الفتاة انفجرت، فلقد خلعت نعلها ونسيت وجود الضابط، حتى صفعها وذكرها بوجوده، ثم مسكها من ذراعها وكأنه يشبه عليها:

ـ أتعملين لدى شقة بديعة المزاجنجي؟ وجئتِ معها أول أمس لإخراج التصريح؟

لم ترد الفتاة، وبعدم ردها ردت، أمسكها الضابط وأقسم أن تضرب بالعصا على قدميها خمس عشرة جلدة، ولن تخرج من نقطة الشرطة

إلا إن جاء رجل ليضمنها، نامت الفتاة على الأرض ومدت للشاويش قدمها، وقد حاولت الفتاة تغطية ساقها بفستانها، وفور ما اكتشف الشاويش عدم ارتداء الفتاة لبنطال أقسم أن يضاعف عدد الضربات، بعدما فشل في إيجاد أحد الرجال الذي يخلع لها بنطاله، حتى إنه سأل عليّ وقبل أن يفتح علي الزرار تذكر وأغلقه من جديد، وأخبأ ما كان لولا ستر الله سيُفضح، كان عليّ يرتعد مع كل عصا، وكأنه هو من يضرب، حتى انتهى الشاويش من وصلة ضربه، وانزوت الفتاة بالركن المقابل لعليّ، يأتي الناس ويذهبون، أما كلاهما ففي مكانهما لا يتحركان، حتى تحدثت الفتاة للشاويش عن ماهية صلاحية أن يكون ضامنها هو زوجها، سخر منها الشاويش ونظر لها فوجدها تنظر لعليّ.

– إن تزوجك وسترك سأطلق سراحك.

نهض عليّ من مكانه واتجه نحوها، وبالفعل تزوجا عرفياً، وأطلق الشاويش سراح الفتاة، ولم يدقق النظر في سن عليّ الواضحة على ملامحه البريئة، خرج وفور خروجه لم يرَ تلك الفتاة مرة أخرى، عاد عليّ لمنزله والكل كان في انتظاره، وحينها استوعب فقط الغرض من ذهابه إلى القسم، ففور ما سألته أمه عن تأخره وعن التصريح، خلع بنطاله وسط جلسة السيدات، ليكشف لها عن لباس جديد، أغلى لباس حصل عليه في حياته من محل شيكوريل الذي لم يدخله أبداً مرة أخرى، كلما انهالت عليه أمه بالضرب بعد فترة وجيزة من استراحة أخذتها لتلتقط أنفاسها، لم ينطق عليّ بأي شيء، سوى أن الحكومة تعرف كل شيء.

خرج عليّ على المعاش من وظيفته الحكومية التي تقلدها بعد الثورة، وأصبحت جلسته الأسبوعية في المقهى، لا يخلو حديثه عن الفتاة التي لا ترتدي البنطلون تحت فساتينها، أما بطل القصة الذي تزوجها في القسم، فكان يغير اسمه من جلسة إلى أخرى، ولهذا السبب بالتحديد لم يصدق أحد أبداً القصة، معتقدين أنها من وحي خيال صديقه المجهول الذي أخبره إياها، لكن عليّ لم يهتم بتصديقهم أو عدمه، بل كان غرضه في البداية أن يعرف إجاباتهم عن سؤال «هل هذا هو الحب؟»، يضحك من استمع للقصة، وتتباين تعليقاتهم عليها، لكنها في السَخرية على المُسمى «بالحب» هذا، بينما يقول عليّ في نفسه في كل مرة «مساكين لم يعيشوا ما عشته، وسيفارقون الحياة وهم لم يتذوقوا حلاوته»، حتى تلاعب ذاكرة عليّ به، ولم يعد يقص عليهم القصة التي اختفت تفاصيلها من رأسه، ليبرهنوا له أن هذا هو الحب، بل حتى لا ينسى ملامحها إن غابت بضعة من ملامح القصة، لم يرغب عليّ في أن تغيب ملامحها هي عن عقله، فكان يستفيض في وصفها بالتحديد أكثر من الأحداث، حتى أكل العمر ما أكل من رأسه، وحكى لزوجته عنها، ولكنه نسي أن يخلق بطلاً وهمياً للقصة، فحكى عن بطلها الحقيقي، اتهمته زوجته بإصابته بخرف الزهايمر، ومنعته من النزول للمقهى من يومها.

الرجل الذي سرق كل شيء

حرارة الجو تؤرقني، ويضاعف هو هذا الأرق، كدت أصرخ فيه ليتوقّف عن تحريك يده، وكأن ليس هناك حيوان بري آخر مربوط بنفس يده، يتّجه بها يميناً وشمالاً بلا هدف، وتتجه يده معه، أشعر أن كل شيء يومها قد اجتمع وتلاحم مع بعضه ضدي؛ ليزيد من غضبي ويقودني للجنون، حتى موقع جلستنا داخل قسم شرطة مكون من ثلاثة طوابق يكون مكاني فيه على مقعد موازٍ لدورة مياه بالدور الثاني، رائحته أبشع من رائحة القبور التي لم أزرها في حياتي سوى مرة، والحقيقة أنني لم أشمّ فيها أي رائحة كريهة، في الحقيقة كانت رائحة القبور أفضل من رائحة غرفتي التي تقع فوق سطح منزل أم رامي، حيث يصعد إليّ مزيج من روائح الطعام المُشعة من كل منزل، ولكني لم أجد أسوأ من هذا التشبيه لأعبر عن مدى بشاعة الرائحة، وكأنها تقبع هنا سنذ ثمانينيات القرن الماضي، تحمل أرتالاً من البول، البول الفقير، سواء من هؤلاء المتهمين أو أهاليهم، فأمناء الشرطة والعساكر كان لهم دورة أخرى بجوار تلك العفنة، مقفلة بقفل يملك كل منهم نسخة منه، أما الضباط، ومن يعلوهم، فلدى كل منهم دورة مياه خاصة به في مكاتبهم بلا شك، صرت أحصي أعداد الداخلين، وأتفحص هيئتهم فور خروجهم، وأسأل نفسي: هل دخل هذا

الشخص للوضوء؟ أم إنه قد تبول أو حتى تبرز! هذا ما فعله الفراغ برجل ملول مثلي، فلم يكن هناك شيء يهون جلستي سوى ثلاث فتحات بيضوية في الحائط الخلفي للمقعد تعلوه بنصف متر، تعبر من خلالها الشمس وتضيء الممر، أي نعم، كان يرتكز ضوؤها هذا على وجهي، لدرجة تجعلني أكتفي بفتح نصف عيني، لكنها كانت المعبر الوحيد لدخول الضوء، وإن كانت ليس لها ضرورة في مهمة إدخال بعض نسمات الهواء، أو إخراج أخرى ذات الرائحة النتنة، فكان الجو راكداً لا يتحرك، لم يكن يتحرك شيء سوى ذلك الكائن الجالس بجانبي، واصطحبت تحركاته نظرات ألقاها عليّ، بل تحول الأمر من مجرد نظرات عابرة إلى تحديق تام، وكأن الملل قد أصابه هو الآخر، ولم تكفه مراقبته لوجوه أولئك الشباب الجالسين أمامنا القرفصاء على الأرض، متفحصاً أحوالهم، فنوى أن يبدأ بي أولاً، لكن نظراته كانت مخيفة ليس لهيئته التي تبدو هيئة اعتيادية للمجرمين بالأفلام، بنطال بيجامة يرتديه على «تي شيرت» عليه قميص أبيض مفتوح، ولا لذقنه المُنبت، ولا لشعره الذي بدأ يتساقط مع الزمن، ولا حتى اللكمات المُنتشرة بوجهه، ولا الجروح بيده، وآثار الندبات على عنقه، بل بنظراته، هل عليّ أن أنهيها بنظرة أشد قوة من نظرته، لا أعلم لِمَ لم أفعل على الرغم من تماديه في تحركاته، فأخرج علبة سجائر كليوباترا من جيب بنطاله، كانت محطمة، لكنه أخرج منها سيجارة سليمة بيمينه، وليبرر شربه للسجائر بيده اليُمنى العالقة مع يدي بنفس الكلبش قرّب علبة سجائره نحوي كأنه يعرض عليّ، ورغم حاجتي الماسة لأي عقب سيجارة كالذي كنت أستمتع به في مراهقتي وأنا ألتقطه من على الأرض، بعد أن يُلقيه أبي ويدخل غرفته، إلا أنني

رفضت ربما لأعلن عن انزعاجي من تحركاته العشوائية السخيفة، نظر لي من جديد وهو يحمل يدي بيده الممسكة للسيجارة.

– سرقة؟

لا أعلم ما الذي جعله يظن فيّ ذلك! زاد هذا من غضبي منه، وإن لم أفصح له، فكيف لرجل ثلاثيني مثلي ذي نظارات طبية، سمين ذي «تي شيرت» مهلهل و«جينز» وحذاء أسود، أي نعم تغطيه الأتربة، لكنه حذاء جلدي، وليس «شبشب» كالذي يرتديه هو! كيف لي بكل هذا أن يظن أحدهم أنني لص!

اكتفيت بتحريك رأسي بالنفي، ولكنه لم يكتفِ بتلك الإجابة:

– متيسرة.. لا تقلق.. العيد الأسبوع القادم، وهذه فرصة ليطلقوا سراحنا.. لن يدعونا هكذا.. اسمع مني.

نظرت له ثم حولت نظري إلى تلك المرأة التي تجلس بجانب ابنها، وتحاول أن تهون عليه ببعض العناق الذي لا يبادلها إياه، وكأنه استسلم لأمره، الشمس تضربني من جديد وكذلك كلامه.

– جاي في أيه؟

تعدي.

– تحرش يعني لا مؤاخذة؟

كان يحاول إرضاء فضوله حولي بطريقة استفزتني، نظرت إليه بنظرة اعتاد عليها زملائي الصحفيون أن ينظروا بها إلى هؤلاء.

ـ لا ضرب.

حرك رأسه واكتفى بذلك لبضع دقائق، طبعاً لم يصدقني، حتى أنا لم أصدق نفسي إلى الآن، فكيف لدب مثلي أن يتعدى على أحدهم بالضرب، وهو يشبه كومة عجين مختمر لا يسعه حتى الصياح في أي نزاع، فإن حدث سيبرحونه ضرباً، ولن يستطيع الإفلات من يدهم بوزنه الضخم، وتلك الأسباب ذاتها التي جعلتني لا أصمت عما حدث، ماذا فعلت! لا شيء لقد أخبرته في وجهه أنه رجل «........» كلمة لا تخلو منها المقاهي، وكذلك صالات التحرير بأي جريدة في وصف المسؤولين وزملائنا، وأحياناً بعضنا بعضاً، كلمة قادرة على وصف الكثير من الكلمات فبعدما نَشرت عدة تقارير تفيد بتورط الحكومة في قضية فساد مرتبطة بأنابيب الجاز، حررت ضدي عدة قضايا، لم يكن بوسع هذا القذر إلا أن يسلمني لهم، أخبرهم في المحضر بعد أن استدعوه أنني المسؤول الوحيد عن هذا، أنا من نشر تلك التقارير دون إذن منه، على الرغم أنه هو من كان يشجعني على ذلك، بل كان قد طلب مني أن أدعم تلك التقارير بأسماء لأضيف لها بعض السخونة التي تجلب القراء، لكنني لم أستحسن تلك الفكرة، ولم أفعل فاكتفيت بالحروف الأولى لأسمائهم، بالإضافة إلى أنني لم أذكر كل الأسماء التي لم تسع عدة تقارير للعشرات منهم، ألم يكفِ كل هذا ليجعل منه رجلاً «......»، هو كذلك بالتأكيد، ولا توجد كلمة أكثر بلاغة في وصفه سوى تلك، ثم إنه رد عليّ! وقد أقحم أمي في خلافنا بسبّها ولعنه لها، وما ذنب أمي في هذا! لقد لعنته هو وليس أمه، ولكن هذا ما يفعله هؤلاء، وكأنه يرغب في التأكيد على نعتي له بتلك الكلمة، وسخ حقير.

لم تهرب الكلمات منه مدة طويلة، فدقائق وبدأ حديثه ينضج أكثر، ربما لأنه لم يجد غيري يستمع له، أو ربما ليحسن صورته أمام مجهول مثلي بدافع الطبيعة البشرية التي لا تفرق بين الغرباء والأقارب.

– أنا لست لصاً..

بدأ كلامه بالكذب، وفي نفسي أود أن أبتسم لأول كذبة، لكني لم أفعل، فتلك هي عبارة كل المجرمين بالعالم.

– كنت أنوي فعل ذلك، لكني لم أفعل..

لم أسأله ولم أبدِ أي اهتمام لي بأمره، ففور ما ينهي عبارته كنت أحول نظري عنه إلى تلك المرأة وابنها الجالسين أمامي بجانب باب دورة المياه.

– والله أول مرة، ولم أكن أنوي سوى أخذ أنبوبة فقط من على سلم العمارة.. عندي ولد وبنت، كان ولداً فقط، لكن بروح أمها كان نفسها في بنت فجلبتها، ومن يومها أصبحت تترك البيت وتذهب لأهلها أكثر مما كانت تعيش بالمنزل، تشكي لهم مني، ومن عجزي عن جلب الحليب البودرة للبنت.

صمت، ولكن لم يدم صمته كثيراً:

– أخبرتها مراراً أن ترضعها من صدرها كباقي النساء، لكنها تخبرني أن صدرها لا يدر لبناً... «مُحن نسوان».

انكشفت لي الآن أسباب كل تلك الكدمات على وجهه والجروح

بيده، ولكن هل كانت كل هذه الجروح إثر محاولته لسرقة أنبوبة! وكأنه لمح السؤال على وجهي ومن نظراتي على الجروح بوجهه بدأ في إبداء إجابته بعدما دعس عقب ثالث سيجارة بقدمه والأخيرة.

– أخذتها من هنا ولم ألحق النزول بالمصعد الذي لا أفهم كيفية عمله، فتفاجأت به انفتح بالدور الثاني والبواب أمامي، ظل يأكل فيّ ضرباً، وصمدت ظناً مني أنه سيفرغ بعد قليل رغبته الداخلية بشعوره أنه حامي حمى العمارة، ولكني فجأة وجدت نفسي تحت يد ثمانية رجال جميعهم بوابون للعمارات المجاورة، يرتدون الجلاليب، جاؤوا خصيصاً لمجاملة زميل مهنتهم، في بالك يا صاحبي لم أكن سأضربهم أبداً، ولم أكن أنوي فعل ذلك، حتى جاء واحد منهم ابن حرام من خلفي و.....

اقترب زميلي في الكلبش من أذني، وبدأ في شرح ما فعله البواب ابن الحرام به من الخلف في ثوان، ولكنه ابتعد بعدها، واستطرد حديثه كما كان:

– حينها وجدت نفسي كالثور لا أعلم من أين جئت بتلك القوة التي مكنتني من ضربهم جميعاً، إلى حد أن الفرصة قد سنحت لي للهرب، لكني فضلت أن أكمل ضربي فيهم؛ بسبب ابن الكلب ده، وفي الآخر قالوا في المحضر إني سرقت كل شيء، ما هذا الكل شيء! لا أعرف، أقسم لم يكن هناك سوى أنبوبة أمام شقة بالدور الخامس، وما الشيء الذي قد يتركه أصحابه خارج باب شقتهم سوى أنبوبة فارغة، لم أسرق أي شيء.

استكمل الرجل حديثه فحكى لي عن أبنائه وأعمارهم، وعن زوجته وكم هي طيبة وتحملت ضربه وإهانته لها التي هي عادة يومية له، كما تحدث عن نسبه وعن صهره، حتى سألني سؤالاً لم أعرف إجابته إلى الآن:

– لا أعرف، هل أخبر أمين الشرطة عما فعل هذا الوسخ بي، أتظن أن هذا قد يحسن موقفي بالقضية؟

فضلت الصمت فلم أجبه، لا أعلم إن كان هذا سيحسن موقفه بالقضية، أم يجعل الأمين يكرر معه ما فعل به البواب! ويصبح نمرة الليلة وعدة ليالٍ بالقسم، حتى يتم ترحيله من القسم، وقد قطع تفكيري هذا محامي الجريدة الذي جلبه زملائي ليدافع عني، هذا المحامي الذي لم يكسب أي قضية رُفعت على الجريدة، ولا أعلم ما سر بقائه بمنصبه إلى الآن! اقترب مني وأحنى ظهره ليحدثني:

– لا تقلق يا أحمد سيكون كل شيء على ما يرام.. لكنك لم تكن سوى الرئيس يا أحمد! لا يزال رأسه متورماً من إلقائك عليه شاشة «الكمبيوتر» مع ذلك لم يحرر ضدك محضر إهدار ممتلكات.

كان زميلي بالكلبش يراقب كلمات المحامي التي جعلته يحدق بي من جديد، وكأنه لم يكن يتوقع مني ذلك، ولكنه لما ابتعد عني هكذا فور ما سمع كلمة رئيس من المحامي! استكمل المحامي كلامه غير المُجدي:

– لو اعتذرت له سيتنازل عن المحضر، لقد أقسم بذلك لزملائك.

لا أعلم كيف فعلت ذلك داخل قسم شرطة، لكنني وجدت أصبعي الأوسط يقف وحده رغماً عني مُعلناً عن اعتراضه، مما دفع المحامي للمغادرة، وكذلك فعل زميلي أو كاد يفعل، فظل يبتعد عني منذ أن سمع كلمة الرئيس، حتى وصل لطرف المقعد، ولم يعد يحرك يده، بل لم يعد ينظر إلي حتى! كأني كلب أصابه الجرب أو الكوليرا! صرت أحاول منع نفسي من الضحك بصعوبة، لساعات منع زميلي بالكلبش فيها نفسه من أن يخاطبني، ولا حتى أن تتلاقى عينه بعيني، حتى جاء أمين شرطة وفك الكلبش وأطلق سراحي، وأخبرني أن رئيس التحرير قد تنازل عن المحضر ضدي، فاكتفى بتلك التي حررتها الحكومة ضدي، والحكومة لا تتنازل أبداً عن محاضرها، أسير في الشارع أسأل نفسي عن مصير زميلي بالكلبش الذي ربط أمين الشرطة يده بيد المقعد الحديدية، هل سيخبر أمين الشرطة عما فعله به ذلك البواب! وهل سينفي ذلك عنه تهمة سرقة كل شيء!

ذكرى من دمشق

اليوم الألف والخمسمائة، استيقظت كالعادة على صوت ضربات النار والقذائف المتبادلة بين الجنود والمحكوم عليهم بالتطهير، لم أفزع اليوم، الغريب أنّني اعتدت في آخر يوم لي هنا على تلك الأرض، لم يكن هناك شيء غير معتاد سواها، لم اختارتني أنا! لقد فعلت، فكان أمامها حسن وإبراهيم، لكنها اتجهت نحوي أنا، وأنا أعد الدقائق الباقية لي في هذا المستنقع، لا أعلم إلى أين سيأخذوننا، تقول الحكومة إلى كوكب آخر، ذهب أخي وأبي، وتقول الحكومة إنهم بخير، لم يبقَ إلا أنا وبضعة ممرضين بالمشفى، تركتنا الدولة لنجري آخر مرحلة في اختيار اتها لهؤلاء المختارين، أو بالأحرى من نختارهم نحن، لقد وافقت عليهم كشوف الهيئة كأشخاص يصلحون لتطوير كوكبهم الجديد، يمتلكون ثلاث لغات، ولديهم من الثقافة ما يؤهلهم للاندماج مع هؤلاء الذين رحلوا قبلنا، أخبرونا أن نبقى هنا لنجري عليهم آخر مرحلة، ولقد مضيت على كل الكشوف التي سُلمت لي بالموافقة، رغم أن معظم هؤلاء غير جيدين جينياً مثلما ترغبهم الحكومة، ولكنهم أولاد قريتي، المصادفة فقط من جعلت كشوفهم تقع تحت يدي، القرية كبيرة ولا أظن أن هذه الكشوفات تضم الجميع، لكنهم يستحقون العيش، ولا يستحقون معاملة الدولة لهم بقايا

مُخلفاتها، هذا ما أعرفه، كما أعرف أنني إن انكشفت سيتركونني هنا معهم لنتحول لفُتات مع كوكب الأرض، الفرح يعم كلاً من وجه حسن وإبراهيم، واقفون يتحدثون حول أحلامهم وأمانيهم في هذا الكوكب الجديد، أما أنا فلم يعد لي أحلام إلا أن أبتعد عن رائحة الدماء بلا محالة، رائحة الدماء كريهة، تؤلمني رغم أن هناك 5 أسوار مضادة للقذائف تفصلنا عن هؤلاء الناس بالخارج، إلا أنني أشم رائحة دمائهم في كل شيء، في كشوف المقبولين، وفي سريري، بل في الجو، لقد كان على ملابسها الكثير من الدماء، ربما كانت بفعل جرح فيّ بفعل هؤلاء الذين سيبادون بعد ساعات، لا بد أنهم كانوا يرغبون في قتلها، أو ربما هو عيار ناري أصابها بالخطأ من الجنود على باب المشفى في محاولة منهم تفريق هؤلاء المرفوضين من على الباب، أو ربما رصاصة من هذه الجماعة التي لا تزال تؤمن أن كوكب الأرض لن يتدمر، وأن تلك أكذوبة من الغرب، ومن المؤكد حدث ذلك بعدما لمحوا الكارت الأسود في يدها، وعلموا أنها من المختارين، مساكين هؤلاء! دخلت وألقت بجسدها النحيف على مقعد المكسورين، كانت منهكة تلتقط أنفاسها بصعوبة وهي تبكي، تبكي وكأنه لا يزال هناك من يملكون كل تلك الدموع، كان أبوها يقف خلفها بملامحه الجادة، أخبرته أن هذا ممنوع، وعليه الخروج، وهو ما حدث، التقطت قدمها، وبدأت في محاولاتي في إعدالها برفق، إلا أنها كانت تصرخ، فتاة عشرينية رأت ما رأينا، ولا تزال قادرة على الصراخ كالطفلة! كانت سمراء نحيفة ذات شعر قصير أسود قاتم مربوط بمنديل أبيض، مُمسكة الكارت الأسود بأصابعها الرقيقة بشدة، كانت محمرة المقلتين

كخدّيها، يبدو البكاء عادتها، فلا يمكن أن يكون احمرار عينيها اللتين كادتا تحترقان، سببه كسر في الساق!

ـ ألا زالت الشمس تشرق في سوريا؟

لا أعرف من أين جئت بهذا السؤال الغبي، لقد تأكدت من شدة غبائه بعد استمرارها في البكاء وعدم ردها لثوانٍ، لا زلت لا أجيد التعامل مع الفتيات، من أين جاءتني تلك الشجاعة لسؤالها وأنا لا أستطيع النظر في عين فتاة لدقيقة كاملة! لا أعلم، هكذا وجدت نفسي أسألها، يبدو أن مجالستي لإبراهيم وحسين وإنصاتي لمغامراتهما مع الفتيات، تفيدني في شيء، حركت رأسها بالنفي، ربما لم تفهم سؤالي، فكيف لها أن تعرف أننا لم نرَ النهار منذ أربع سنوات قابعين فيها بهذه المحمية، وكأننا محاطون بالحيوانات البرية من كل حدب وصوب.

بكاؤها كان يأكل فيّ وكأنها تخصني، ربما لأنني لم أرَ أحداً يبكي منذ مدة، لا أعلم كيف حدث ذلك، لكنني وجدت نفسي أبكي أنا أيضاً، ولم ألاحظ ذلك سوى بشعوري بثقل قطرة ماء سقطت من خدي على قدميها، لمحتها تراقبني وانخفض صوت بكائها، واقتربت بجنبها مني وضمتني بذراعها الأيسر وأنا أجلس على يمينها، تعالى صوتها من جديد في لحظة، كان عناقها ثواني، لم أتمكن حتى من استيعابه، كم تمنيت أن أعانق أحدهم منذ عقود، عناقاً لا يحمل أي رغبة، عناقاً لا يفرق بين رجل أو أنثى، فعناق الرجال لدينا مشبوه، وعناق النساء مُحرم، لم يمهلني الوقت فرصة لأستوعب ما حدث، فسمعنا أصوات الطلقات، خمس طلقات وراء بعضها بانتظام مُحكم، وأكد لي ظني

انتظام عشوائية الحركة بالمبنى، حملتها على يديّ وبدأت في الجري، لكنها أخذت تصرخ:

- أمي بالخارج.

معها كارت؟

- نعم.

صرت أركض بها وهي تصرخ من الألم، الجميع يجري من حولنا عكس اتجاهنا، وكأنهم أصروا على أن يصدموها بساقها المكسورة، نزلت بها المعبر، لكني وجدت يداً تسحبني من معطفي الأبيض:

- تراجع يا غبي.. لا تبصق علينا يا أدهم.

حاولت الإفلات من قبضته، فلقد شرحت له من قبل أنني لن أذهب دون ذكرى من دمشق، لكنه لم يفهم، لم يفهمني أبداً ويعرف نفسه كصديقي! جذبني من يدي، ومن الثقل سقطت وسقطت على قدمي الفتاة، تهت وصرت أسبه وأنا أضربه، وهو يبادلني السباب، ويحاول إزاحتي إلى الساحة التي ستسقط عليها السفينة، ألقيته على الأرض، نهض وسبني وذهب، فحياته أهم مني بلا شك، أصبحت أسير بقدم مُلتوية، بل مكسورة وأنا أحمل الفتاة على يدي، لا أعرف كيف في حالاتي تلك تمكنت من قراءة تلك العبارات المكتوبة بخط اليد على جدران المعبر! «سنبني ونزرع»، وآخر عبارة عن سُباب ولعنات للدنيا والكوكب والوطن، بل كانت هناك مقاطع من أغانٍ لماجدة الرومي. صرت أعرج وأنا أبكي وأنا أغني كلمات تلك الأغنية لماجدة

«لو كنت نغمّض عينيّا وتاخذني الأحلام من يديّا ونعلى ونحلّق في سماء جديدة وننسى الوجايع، لو كنت نسافر في خيالي نزرع ونبني قصور ليالي.. يكبر فيها الحب وآمالي ونمحي الآلام.....».

وصلنا ولمحت ضوء الشمس الذي لم أعد أتحمل قوته، ففتحت نصف عيني التي اعتادت على الضوء الأزرق، وضعت الفتاة على الأرض، كانت تبكي، لا أعرف كيف أقطع صوتها هكذا! عيناها مفتوحتان، لكنهما لا تنظران لي، أخذت أملأ جيوب معطفي برمال دمشق، بل وصرت أضع في بنطالي وبداخل قميصي، كان مؤلماً جداً، يبدو أننا أدمنّا الآلام.

ماذا عن بقلظ؟

كان الضوء أكثر ما يؤرقني حينها، مصباح مثبت أمام وجهي، وأربعة أخرى منتشرة على الرجال الجالسين بجانبي على المقعد، حاولت أن أغمض عيني وأفتحها عدة مرات لأعدّها لكمية الضوء الأصفر الخارج من ذلك المصباح المتدلي خلف الكاميرا الموجهة عليّ، يزداد ألم عيني التي لم تعتد بعد على تلك الكمية من الضوء، ولا على تلك الكمية من الأناس المثبتين أعينهم عليّ، أو هكذا اعتقدت، فاكتفيت بنصف فتحة، بدأ المذيع في استجواب الرجال بجانبي بترتيب يخله من الحين للآخر، لم أفهم شيئاً مما قاله بالعربية، كانوا يبكون أثناء ما كانوا يتحدثون، وكلما بكى أحدهم اقتربت الكاميرا من وجهه أكثر، نظر لي المذيع ففهمت أنه دوري، سألني سؤالاً بالعربية ولم أفهمه، بعد دقيقة ترجمه لي ذلك الرجل الذي ثبت لي سماعة في أذني قبل دخول المذيع، أخبرني المترجم بالعبرية ما قاله المذيع عبر تلك السماعة:

ـ ما عمرك يا سيد زين؟

فتحت فمي وحاولت الإجابة، وتلعثمت كعادتي رغم تدريبي لأسبوع كامل، ولكن قبل أن تخرج الإجابة من فمي كاملة، صمت، كيف لي أن أخبره «لا أعرف»، تذكرت عندما أخبرتني مفوضية

اللاجئين لأول مرة قبل قبول طلب لجوئي لمصر، لكنني حقاً لا أتذكر، ربما قد أخبروني أنني 34 أو 43.

لم يدُم الصمت طويلاً فنظر المذيع لورقة بيده، وبدأ في التحدث لي كما بدأ الصوت بالسماعة في أذني يخرج من جديد.

– 33 عاماً... أحقاً قضيت 27 عاماً في المعتقلات الإسرائيلية؟

هززت رأسي بالإيجاب.

– والسبب جريمة قتل.. أليس كذلك؟

وقبل أن أكتفي بهز رأسي وجدته يطلب مني أن أسرد له تفاصيل.

مرت دقائق وأنا أرتب الإجابة في رأسي، تسير الكلمات بمنتهى السلاسة، ولكن فور ما فتحت فمي وجدت الأمور تزداد سوءاً، وإن كنت أنطق الكلمة على ثلاثة مقاطع، فلقد أصبحت أربعة.

– لا أتذكر شيئاً، لكنهم أخبروني في المعتقل أنه عندما جاء رجلان لإخراج أبي من بيتنا، رفض أبي فأمسكاه من يده، وحاولا إخلاء المنزل، ضربه أبي بغباء، وحاول الجندي الإسرائيلي الدفاع عن نفسه، فأخرج مسدساً وصوّبه باتجاه أبي، فتدخلت أنا وطعنت ذلك الرجل بسكين في فخذه وتوفي، ثم نقلو...

وجدت المذيع يقول شيئاً بحدة، وهو يحرك يده باتجاهي، وسمعت صوت المترجم، لكني لم أركز على ما يقول سوى عندما تقيأت بتلك الكلمات من فمي، قبل أن ينتابني التلعثم أكثر من ذلك.

– عليك التحدث بالعربية، قناة القدس ممنوع التحدث فيها بالعبرية.

ثم استطرد المترجم كلامه:

– أخبروني أنك قد تفهم العربية.

هززت رأسي للمذيع الذي لم يكن يتحدث، يبدو أن هذا كلام المترجم فقط، لكني لم أكن قد تعلمت العربية سوى لثلاثة أشهر، وددت إخباره بذلك، لكني لم أستطع تكوين تلك الجملة، في الحقيقة لم أتعلم سوى أربع جمل، «أنا مسلم»، «سورة الفاتحة»، «أنا بخير»، «شُكراً» ولقد تدربت عليها كثيراً وأنا أسأل نفسي: وماذا إن كنت لست بخير ماذا سأقول؟ كان أمراً ثقيلاً عليّ، حتى أخذت أفكر ماذا أفعل إن سألني أحدهم عن أحوالي التي هي ليست بخير! انتظرت أياماً حتى تعود تلك الجماعة للمقر الذي اعتدنا التجمع به، لكنهم لم يفعلوا، علمت فيما بعد أنه تم القبض عليهم قبل أن يعلموني إن كانت هناك إجابات أخرى سوى أنني بخير في اللغة العربية التي اعتقدت أنها لغة لا تعرف الحزن، وأن متحدثيها دائماً بخير، لكنني في كل الأحوال لم أضطر لاستخدامها حتى الآن، ولا سواها من الكلمات، فلم يسألني أحد السؤال الوحيد الذي حفظت إجابته، هذا بالإضافة إلى كلمات نابية لم أسمع غيرها طوال الـ27 عاماً، كان زملائي الذين لا أعرف أسماءهم ولا أشكالهم، بل استطعت تمييز أصواتهم الخارجة من الزنازين المجاورة لي، وهم يصيحون بها للعساكر الإسرائيليين عندما كانوا يلقون لنا الطعام عبر منفذ أسفل الزنزانة بدون أطباق، لم أستطع أن أخبر المترجم بكل هذا، فاكتفيت بهز رأسي! كنت أسأل نفسي: هل حقاً كنت أستطيع التحدث مثلهم هكذا قبل عشرات السنوات! هل حقاً امتلكت تلك اللغة في حياتي! ربما وربما نسيتها

كما نسيت ملامح أبي وأمي، أو ربما لم أكن تعلمتها بعد.

اشتعلت الأضواء في عيني من جديد، وبدأ المذيع بسؤالي وأنا أسمع صوت المترجم:

– أخبرني يا سيد زين عما تتذكره حول ما حدث ذلك اليوم؟

أخبرته بالعربية «لا شيء»، ثم بدون قصد استكملت الجملة بالعبرية «لا شيء سوى أقدام».

لم يعقب المذيع على إقحامي للعبرية التي لا أجيد سواها، أو هكذا أصبحت بعدما لم أكن أسمع غيرها، ورغم ظهور ملامح بغض على وجهه، وكان ذلك يخيفني، إلا أنني قررت أن أمزج بين اللغتين إن لم أستطع التحدث بالعربية، وهو المؤكد، يبدو أنه يعرف العبرية، أو ربما لديه سماعة في أذنه هو الآخر، فأخذ يسألني بالعربية:

– أي أقدام.. احكِ لنا يا سيد زين؟

قدمان لونهما أخضر زيتوني، كسرتا الباب علينا، وتوجهت قدما أبي إليهم، لا أعلم ماذا كان يحدث بالأعلى، لكني وجدت سنه يغطيها الدم، سقطت بجانب قدمي، ثم سقط بجانبها رأس أبي، وجلست عليها قدم خضراء اللون، وجدت أبي يبكي، لم أجد شيئاً أمامي سوى المطرقة التي كان يحاول أبي تصليح باب المنزل بها قبل دخول الأقدام الخضراء، أنا...

وجدت المذيع يغادر الغرفة، فتوقفت عن الكلام دون أن يطلب مني أحد ذلك، ثم عاد المذيع بعدما دفعه رجل آخر كان يبدو أنه

يتوسل له أن يفعل، صرخ المذيع وعلمت أنه يقصدني بذلك، عندما سمعت صوت المترجم وهو يصرخ فيّ بالعبرية، ثم العربية التي لم أفهمها:

- توقف عن التحدث بالعبرية.. أرجوك...

دقائق ووجدت رجلاً يأتي نحوي، لم آخذ وقتاً لأدرك أنه المترجم، كان مُمسكاً بورقة وقلم، وأخذ يسألني أسئلة، أخبرني أن تلك ما سيسألها المذيع، وأنه سيُحفّظها لي بالعربية لأجيب عنها بها، وبعد دقائق ذهب المترجم وأضيئت الكشافات من جديد، وهمس لي المترجم عبر السماعة أن أترك تلك الورقة من يدي، وأن أحاول تذكر ما حفّظه لي، نظر لي المذيع بعدما ألقيت الورقة التي لم أفهم منها شيئاً بجانبي على الأرض، وبدأت أسمع ما يقوله المذيع من صوت المترجم.

- كيف عرفت خبر وفاة والدك داخل المعتقل، سيد زين؟

لم أكن أعرف سوى في اليوم الذي خرجت فيه، يومها خرج معي شبان، كنت الوحيد المُمسك بورقتين، بينما اكتفى الضابط بمنح كل منهم ورقة واحدة، فتح العسكري البوابة بعد أمر من ذلك الضابط، لم يُكمل العسكري فتحها إلا وقد قفز منها هؤلاء الشبان بسرعة رهيبة، وعقب ذلك لم أعرف حتى الآن كيف مرت أجسادهم من خلالها، ليكمل العسكري فتح البوابة، وأجد هؤلاء الشبان قد سقطوا في أحضان أناس كانوا أمامها، كنت أتوسطهم وأنا أراقبهم وهم ينتقلون من حضن إلى آخر، تتباين كمية الدموع وطول الحضن بين

الأشخاص، لكنهم كانوا يبكون داخل جميعها، كانوا يقبلون أيادي، وأخرى تمسك بهم وتعيد لهم قبلاتهم. وقد كان هناك شاب منهم يحاول دفع قدم عجوز ليقبلها، اتجه كل شاب منهم مع مجموعة أناس في اتجاه، واستمرت القبلات والأدمع تزرف حتى اختفوا عن عينيّ، لم أعرف إلى أين أذهب، خشيت إن جاء أبي ألا يجدني، قررت المكوث أمام البوابة، لكن صرخ فيّ عسكري من هؤلاء الذين كانوا قابعين أمامها، فاتجهت حيث اختفى عن عيني، وكذلك اختفيت عن عينه، ومكثت على الأرض، ظللت أفكر في اللقاء، وماذا سأفعل، وماذا سيفعل هو حين نلتقي، كيف سأقبل قدمه، وكيف سيغمرني، وألا أخجل من عناقه الطويل لي! حتى وجدت صفوفاً من النمل الأبيض، أصبحت أفسد صفوفهم، وأعتقد أن عبثي معهم لم يعجبهم فقرصوني عدة قرصات، ورغم ألمهم نمت، ولم أدرك نفسي ألا وأنا مع تلك الجماعة التي أخبرتني أن ورقة من الورقتين تقرِ أن أبي لم يقضِ عقوبته كإرهابي تهجم على عناصر من الجيش، كانت تلك الإجابة التي أخبرت بها المترجم وترجمها وحفظها لي بالعربية بعدما اختصر نصفها، وأخبرني ألا أذكر اسم تلك الجماعة التي احتضنتني فور خروجي من المعتقل، لكني لم أتذكرها، ولم أتذكر سواها، فاكتفيت أن أقول له بالعربية «لا أعرف».

نظر لي طويلاً، ثم سألني:

– تتذكر والديك؟

لم يكن المترجم قد أخبرني بذلك السؤال، فأجبت «لا»، ولم أعلم هل كانت إجابتي صحيحة، أم كانت مجرد هروب من إعاقتي في اللغة مرة أخرى!

- توفي والدك بعد محبسه أو قتل، وأنت ضاع عمرك.. هل استحق منك وطنك فلسطين ذلك؟

لم أفهم سؤاله حينها، فلم أكن أعرف معنى كلمة وطن بالعبرية، لكني سمعت كلمة فلسطين من قبل عندما كان يُحفظني رجل من جماعة بيت المقدس ألوان علمها، لكني لم أكن متأكداً هل هذا علمها الذي عرضه المذيع على الشاشة الكبيرة أمامي، أم علم جماعة بيت المقدس! وقبل أن أخوض في تكوين إجابة بالعربية، وجدت المذيع يحرك رأسه بالإيجاب عندما وجدني أطلت النظر إليه صامتاً، فحركت رأسي أنا أيضاً وكأنها حركة مُعدية.

- كيف ترى الحكم عليك بالإعدام يا زين؟ هل تستوعب أنك مذنب؟

لأول مرة يفهم زين سؤالاً، ويقرر عدم الجواب.

أُطفئت الأنوار، وأخذوني أنا وزملائي الذين عرفتهم للتوّ بعدما أحكموا السلاسل على أيدينا وركبنا عربة الترحيلات، تذكرت عندما خرجت من استوديو بفلسطين بعد إنهائهم تسجيل حلقة معي، كان الحوار بالعبرية، بل كان جميع من في الغرفة يتحدثون العبرية ويجيدونها، فور ما انتهينا أخذونا لغرفة جانبية كان مكتوباً عليها كما كتب على البوابة الخارجية بالعبرية «تلفزيون إسرائيل قناة نابلس»، كان يجلس على المكتب رجل سمين أمامه الكثير من علب الطعام، عرفت أن اسمه «جريشة»، كلما مر عليه أحد منحه ورقتين من النقود وعلبة جريشة، ولكنه منحني أنا ورقة واحدة، استقللت عربة

أجرة وأنا ممسك بالعلبة وبالورقة النقدية التي لا أعرف فئتها، تحدث السائق كثيراً ولم أفهم منه شيئاً، واكتفيت بهز رأسي، كما كنت أفعل مع المذيع، لم أكن أفكر سوى بصوت أبي وهو يغني لي أغنية لا أتذكرها، كما لا أتذكر صوت أبي نفسه، لكن ذاكرتي تخبرني أنه فعل، كان البرنامج يُدعى «ماما نجوى والعروسة بقلظ»، والغريب أنني أتذكر ملامحهم عن ملامح أبي، تحدث أبي لهم عبر هاتف زوج عمتي عندما زرناهم وأقمنا معهم شهراً بمصر، أشار لي بقلظ بيده ولوّحها لي عبر شاشة تلفاز زوج عمتي الجديد الصغير، منذ وقتها أصبحت أحبه بعدما كنت أخشاه؛ لأنه لا يشبهنا كبشر، هذا فقط ما حملته ذاكرتي عبر تلك الأعوام، لكني لا أستجمع صوت أبي تماماً، لكني سأفعل، كان خوفي كله منصباً على أن يكون أبي يتلعثم مثلي! لكن أتذكر أن الأغنية التي غناها لي لم تكن مقتطعة، وأتمنى ألا تخونني ذاكرتي الوحيدة حوله، أخرجني صوت السائق من تلك الأصوات بعقلي، وهو ينعت أناساً بكونهم «...........»، كانوا يمرون أمامنا بسيارات فخمة، وتوقفت جميع السيارات من أجلهم، فرحت أنني عرفت معنى اللفظ، أوقفني السائق أمام استوديو النيل الإخباري بمدينة طولكرم كما أخبرته، نزلت وقد منحته العملة الورقية بيدي، تحدث صارخاً ولم أفهم منه شيئاً قبل أن يرحل غاضباً فاقداً الأمل في منحه المزيد أو الرد عليه حتى، لم أجد أمامي سوى سور شاهق مكتوب عليه تلفزيون السلام، انتظرت دقائق أو ربما ساعة فلا زلت لا أجيد تحديد الوقت، ولكن خرج من تلك البوابة شخص ما بعد فترة لم تتغير خلالها حالة الجو في تلك البقعة الفارغة، أخبرته بعربية فهمها، وهي أنني أريد مقابلة ماما نجوى فأجابني:

- ماتت.

صمت لفترة بدت طويلة، فلم أجده أمامي، ولمحته قد ذهب بعيداً لمنتصف الشارع، هرولت خلفه وأمسكت بيده وسألته:

- وماذا عن بقلظ؟

لم يُجبني وسار في طريقه، كان قد تسلل الجوع إلى معدتي، جلست على الأرض أمام السور، وأخذت آكل منتظراً أحداً ما يمر، أو يخرج من تلك البوابة، لعلّي أتفقد أحوال بقلظ، فربما يتذكر أبي وصوته.

نُقطة دم

وأخيراً حلت إجازة الصيف؛ لم أكن من مُنتظريها للعب واللهو، فلم أعرف أكثر مِنهما طيلة العام، ويشهد سطح بيتنا على ذلك؛ كل ما في الأمر أنه خلال تلك الإجازة سيُسمح لنا باللعب بأزقة الشارع المقابل لحارتنا الضيقة، وحينها نلعب معاً، فتيات وفِتياناً، وسأتمكن من لُقياه؛ شريف ابن جارنا الشيخ أسامة؛ في الحقيقة لم أره قد تخطى عتبة المسجد الموازي لمنزله والمجاور لبيتنا، ولكنه لديه لحية رمادية طويلة؛ كما أنه يرتدي الجلاليب البيضاء القصيرة؛ لذا اعتاد الجيران نعته بالشيخ؛ أما شريف ذلك النبيل الذي يكبُرني بسنة واحدة، فيعمل طيلة إجازة الصيف بمحل أحذية لوالده بمنتصف الشارع العمومي؛ تبدو عليه علامات الاستياء، وكأنه مُرغم على ذلك؛ فكان دون غيره من فِتيان الحارة يكتفي بمراقبتنا أثناء ما كنا نلعب، جالساً على كرسي بلاستيكي صغير أمام المحل؛ وكان دوري لتسهيل عملية مراقبته هو تجميع الرفاق للعب أمام محله، فكنت أثناء لعبنا للغُميضة أجري سريعاً لأختبئ أمام محله، لأنعم بمراقبته أنا الأخرى أثناء اللعب؛ ورغم تَعنت والده وصراخه فينا؛ لمنعنا من اللعب أمامه، إلا أننا كنا ننتظر دقائق حتى يذهب للمنزل، ويترك شريف وحده بالمحل، ونعود من جديد وكأن شيئاً لم يكن.

لم أكن أعرف أن هذا اليوم المشئووم ستنقلب فيه حياتي، وستظل

لعنته عالقة في رأسي، بدأ كل شيء بضحكاتهم التي تعالت شيئاً فشيئاً، ثم بدؤوا يتغمغمون، فأخذت أَلمِس بيدي على شعري ظناً بأن هيشان شعري الأسود المُجعد هو سبب سُخريتهم مني، ولم يكن الأمر كذلك؛ وفجأة توقفوا عن اللعب، وبدؤوا ينظرون لبعضهم بعضاً، ثم تحولت أعينهم اتجاهي، حتى اقتربت مني ياسمين، وهمست لي في أُذني «في نقطة دم كبيرة على البنطلون بتاعك من ورا»؛ شعرت للحظة بحالة من الارتباك، وسريعاً اختلست نظرة على شريف الذي وجدته ينظر إليّ هو الآخر مِثلهم؛ رأيت عينيه تتخللان بنطالي؛ لم أشعر بنفسي إلا وأنا أتخذ عدة خطوات للخلف بظهري؛ حتى لا يلاحظ الآخرون ما بي، فاصطدمت بعكاز سيدة عجوز أخذت تنعتني، لم أهتم وجريت مسرعة إلى حارتنا؛ دخلت الشقة؛ كان الباب موارباً كالعادة، فنحن أصحاب البيت والساكنون بآخر دور، فدفعته بيديّ، وتغافلت عن غلقه؛ وجدت الحَمّام مشغولاً، ونور الغرفة الجانبية مضاء، فدخلت غرفتي وأغلقت الباب، وشددت الستائر، غيرت بنطالي، وأخذت أكثر من دقيقة أتفحصه، فاعتقدت أنني قد فهمت الأمر، وأخذت الدموع تفور من عيني كدم ذبيحة ساخن؛ بدلت بنطالي وأنا أسأل نفسي بعض الأسئلة المتناقضة في إجاباتها لبعضها؛ هل هذا جرح عميق؟ لا فلَمْ أشعر بأي ألم، بل لقد أصبحت كبيرة الآن مثل أمي! لا لا، فأنا لا زلت طفلة؛ ولكن كيف ذلك؟ ومن أين هذه البُقعة؟ ماذا عن نظرات الصبيان بالحي؟ كيف سأنظر لهم من جديد إن لم يكن هذا جرحاً؟ هل فقدت ما يجب أن تحافظ عليه الفتاة طيلة حياتها كبطلة فيلم أول أمس؟ ولكن كيف وأنا لم يُقبلني أحدهم! هل عَلم شريف بالأمر؟ لا، فالأولاد لا يعلمون شيئاً عن هذا؛ هل لاحظ آخرون البقعة على بنطالي؟ أثناء

ذلك شعرت بها تتخلل بنطالي الذي ارتديته من بضع دقائق، فبدأت أرتدي بنطالاً آخر عليه، ثم بِنطالين حتى ارتديت أربعة بناطيل؛ وفجأة دخلت عليّ أختي الغرفة فوقفت وهي ممسكة بمقبض الباب تسألني «سايبة باب الشقة مفتوح كده ليه؟»، ونظرت إليّ وأنا جالسة أمام درفة الدولاب، التقطتُ بنطالي المُتسخ من على الأرض لأخبئه بسرعة بين أحضاني، ولكنها لاحظت ذلك فاقتربت أكثر وأصرت على معرفة سري، فحاولت نزع البنطال من بين يدي، وعندما رأت بقعة الدم عليه، ابتسمت، ثم نظرت إليّ وتحولت ابتسامتها إلى ضحكات متقطعة، فألقت البِنطال على الأرض وذهبت.

أتذكر جيداً تلك اللحظة، أتذكر توسلاتي لها باكية وأنا مُحتضنة لساقها اليسرى «سارة أنتِ رايحة فين والنبي يا سارة متقوليش لماما» كررتها عليها أربع مرات، ولكنها لم ترحم دموعي وأفلتت ساقها من بين ذراعيّ وذهبت؛ لم تمضِ دقيقة ودخلت عليّ ومعها أمي وبعض الضحكات المُهينة، فسألتني أمي بابتسامة سُخرية «إيه اللي أنتِ عملاه في نفسك ده؟»، ثم اقتربت قليلاً وجلست بجانبي، ووضعت ذراعها الأيمن على كتفي، وقالت لي بصوت منخفض «مبروك يا حبيبتي» حينها دخلت علينا أختي الوسطى وباركتني في ابتسامة أيضاً لم تختلف عن تلك التي على وجه أمي «مبروك يا ريري بقيتي آنسة خلاص» استشاطتني تلك العبارة غضباً، فكانت كافية لاندفاع دموعي من جديد بعد عدة محاولات فاشلة للتحكّم بها، فسالت بغزارة؛ فكيف لبقعة دم أن تسلُب مني طفولتي بتلك السرعة؛ فكيف لها أن تحولني فجأة إلى آنسة؛ تلك القطرة الملعونة

التي أقصى ما كنت أعرفه عنها بهذا العمر أنها تُفطر الصائم؛ لا أتذكر بأن أمي حدثتني عنها يوماً؛ فلا أنسى محاولاتها لتتدارك بكائي، ولكنها كانت مصحوبة دوماً بضحكات وابتسامات لا أعلم مصدرهُما، هل تلك النُقطة تستدعي كل تلك السعادة! أم كان السبب مظهري المُهلهل وأنا مُرتدية لأربعة بناطيل؛ أم دموعي وحُرقتي هي دافع لسعادتك يا أمي؟!

ناولتني أختي كيساً وعرفت ما به؛ فلم أهتم للوقوف لسماع شرحها، وجلبت ملابسي من الدولاب، ودخلت الحَمّام كانت أرضها مُبتلة، فكادت ساقي أن تلتوي تحتي بعدما شعرت بعدم الاتزان، فأغلقت غطاء المِرحاض، وجلست عليه أبكي لساعة متواصلة، أو ربما أكثر؛ لا أعلم هل كان صوت بكائي خافتاً لدرجة أنهم لم يسمعوه! ألم يشعروا بغيابي لأكثر من ساعة داخل جدران الحَمّام! وقفت أمام المرآة وأخذت أنظر لجسدي؛ جسد طفلة هزيلة؛ لا أعتقد بأن ذلك هو جسد لآنسة ناضجة مثلما أخبرتني أختي؛ بدلت ملابسي، ولم يكن التغيير سهلاً عليّ على الإطلاق، فكنت أشعُر بأشواك كادت أن تخرج من مِعدتي؛ سمعتهم ينادونني، فخرجت بعد أن ضربت وجهي بالماء لمرتين؛ لأزيل آثار دموعي؛ وجدت أمي أمام باب الحَمّام بنفس ابتساماتها وكأنها تتعمد إغضابي، وقالت لي «بقيتي آنسة زي القمر»؛ فغضضت بصرها عن مُقلتَيّ اللتين تحولتا إلى كُرتي دم حمراء ودموعي التي لم ينجح الماء في إخفائها؛ جلست على طرف السرير أمام الشُرفة، وسمعت صوت مِزمار بائع غزل البنات، فقمت مسرعة ثم تراجعت عن فكرة الوقوف لرؤيته كما اعتدت،

وتذكرت أن أصدقائي لا يزالون يلهون بالشارع، فخشيت أن يكون أحدهم قد دخل حارتنا وتلتقي نظراتنا، خصوصاً أننا قد اتفقنا على شراء الغزل مع صلاة المغرب، وطلوعنا لشُققنا من جديد؛ فلن أُري أياً منهم وجهي حتى قدوم المدارس على الأقل؛ لاحظت سارة ترددي من الوقوف بالشرفة، ولكنها لم تكترث فكانت مشغولة أكثر بتقليم أظافر قدميها.

أخذت وضعية النوم سن جديد، ووضعت على رأسي وسادة لتكتم صوت صراخي، فكادت بطني أن تتقطع وجعاً؛ وحينها كادت التساؤلات أن تغتالني؛ هل ما حدث لي أمر طبيعي حقاً؟ هل حدث لزميلاتي من قبلي فعلاً؟ لا أظن، فإن كان حدث لياسمين كانت بالطبع ستخبرني، فأنا صديقتُها الوحيدة؛ وفجأة أهْوَى صوت أمي بتلك الأسئلة، وحاولت بالبداية تغافلها، ولكنها كررت نداءها عدة مرات؛ فمسحت دموعي بطرف غطاء الوسادة وذهبت لها؛ كانت جالسة بغُرفة الضيوف وممسكة بيدها اليمنى سماعة الهاتف، وفور ملاحظتها وقوفي مدّت يدها تجاهي بالسماعة، وأخبرتني بأن خالتي تودّ التحدث إليّ؛ دون تحية أو حتى سلام، قررت خالتي بداية الحوار معي بالمباركة؛ لم أكره يوماً بحياتي مثل ذلك؛ أحسست بالفضيحة؛ لِمَ تفعل أمي ذلك؟ لِمَ؟ ألْقَيتُ السماعة على يد الكرسي، وذهبت لسريري، فهو الوحيد الذي احتضن وجعي ودموعي، وغفوت لدقائق بعد أسطوانة من البكاء والآهات حتى أيقظتني إسراء، وطلبت مني النزول لشراء حجر معسل لوالدي؛ قُمت وأخذت الخمسة جُنيهات التي تركتها على طرف السرير وخرجت للصالة، كان أبي جالساً على

الأريكة يشاهد التلفاز، وكعادته قام بتغيير المحطة سريعاً فور سماعه لصوت فتحي لباب الغرفة؛ فلم يكن على علم بمعرفتي باختياراته المفضلة للمشاهدة، وفتحت باب الشقة استعداداً للنزول فاستوقفني وسألني «أنتِ هتنزلي كده؟» مشيراً بالسبابة إلى ملابسي؛ فهززت رأسي علامة بالإيجاب، فأخبرني بشيء من الحدة بأن تلك هي آخر مرة سأخطي فيها الشارع بنصف كُم، واقترب مني بضع خطوات وقال لي «أنتِ كبرتي والمفروض بقى تتحجبي زي إخواتك؛ مفيش نزول باللبس ده تاني»؛ كان هذا آخر يوم أنزل فيه للشارع بشَعري، وآخر يوم ألهو فيه بروح الطفولة الصافية؛ وكان كذلك أيضاً آخر يوم أهتم فيه بشأن شريف؛ فقطرات دم كانت كافية لاندثار طفولتي، فكيف سيبقى حبها على قيد الحياة!

مسار إجباري

كاد يتخللني صوت ضحكاتهم العالي، فقد شعرت به يخُصّني، ولكن لـمَ؟! فما فعلته فتاة تسير بخطوات سريعة، وبوجه جاد، وحقيبة ظهر صغيرة محتضنة كتاباً لعلوم القانون التجاري ليثير ضحكاتهم! القلق يفعل فعلته ويمحو كل معلومة قد حفظتها أمس، أو هذا ما هُيئ لي! ماذا يدعوهم للضحك! هل فعلتها معي الحقيرة تلك المرة فجأة وتركت بقعها على بنطالي! وكيف ذلك ولقد انتهت منذ أيام! جسدي يتصبب عرقاً إلى حد ابتلال أطراف الكتاب بين يدي، فحرارة شمس الحادية عشرة لم تكن بهينة أبداً، لا زلت أسمع أصواتهم بوضوح رغم أنني قد تخطيت المقهى، وكأن هناك من يسير خلفي، ظلت أصواتهم عالية رغم الزحام، تأكدت أن كلامهم النتن يخصني أنا عندما سمعت أحدهم يصف جسدي، وكأنه كشفه من قبل، كان يصف بكل التفاصيل، كان يصف بكل سفالة ودناءة، حاولت تخطي الازدحام، ولكنني فشلت، فأجساد الناس السمينة أمامي قد أغلقت كل فوهة للمرور، خفتت الأصوات وتحولت لوشوشة، شعرت بالخوف، وطمأنني قليلاً ازدحام الشارع، ضحكاتهم في المقهى تعالت مع شعوري بيدٍ تتحسس جزئي السفلي، تقترب من بين ساقيّ، لم أشعر بنفسي إلا وأنا ألتفت وألطمه على خذّه الأيمن، لم تكن قوية أبداً كقوة ضربته، فلا زلت أشعر بها حتى الآن صرخت

وأنا أحاول ضربه بيديّ وقدمي اليمنى أيضاً، ولكنني لم أفلح، كنت أشبه بدجاجة مذبوحة تحاول التمسك بالحياة، كم أنا ضعيفة! فسلاحي الوحيد كان لساني فسببته بشتائم لم تكن في قاموسي أبداً، كان أقبحها «يا قذر.. يا زبالة.. يا حيوان»، ولكن حتى السباب لم يكن أعلى من صوت سبابه لي ولشرفي «غوري يا شمال.. ده إنتي شكل أهلك مسرحينك» كررها أكثر من مرة، فلا تزال ترن بأذني، نبرة صوت مبحوح مع ضيق تنفس كعادتي عندما يجتاحني الشعور بالضعف، أناس كثيرون واقفون يشاهدون ضعفي وقلة حيلتي، فلم يتدخل منهم سوى أربعة أو خمسة؛ لا أتذكر؛ ويا ليتهم ما تدخلوا؛ فما كان بهم سوى الإمساك بي، شعرت بهم كأنهم يكتفونني بأذرعهم على الرغم من أنني لم أكن الطرف الأقوى، «خلاص بقى يا بنتي شوفي كنتي رايحة فين» قالتها لي سيدة أربعينية، وسقطت دموعي بعدها فجأة بعدما كانت محبوسة بمقلتيّ؛ فحينها ذكرتني بذلك اليوم المشؤوم الذي لم يقل في كآبته عن هذا اليوم، كلماتها تشبه كلمات تلك السيدة العجوز التي تدخلت عندما أمسكت بسائق التوكتوك الذي أمسكني من جسدي بطريقة مقززة ذاك اليوم، وأصررت على تقديمه للعسكري القابع أول الشارع، فكانت شاهدة عليه وعلى جرمه، ولكن كان رد فعلها الوحيد «خلاص يا آنسة إنتي ضربتيه وخدتي حقك، سيبيه بقى مضيعيش مستقبله، ده عيل صغير» مضيعش مستقبله! وماذا عن مستقبلي أنا! ماذا عن دموعي التي لم تتركني كلما تذكرت هذا اليوم، وذلك المشهد، وهذه اللحظة التي لم أشعر فيها بحرمة جسدي! ماذا عن مستقبلي وأنا أصبحت أكرة كوني بنتاً، ماذا عن مستقبلي، وأنا كرهت جسدي، كرهت كل علامة فيه تشير إلى أنني أنثى، ماذا عن

مستقبلي وأنا أشعر بثقل جسدي النحيل، وأنا أشعر بقذارته، فكل مرة يُلمس من يد حيوان لآخر منذ أن ظهرت ملامحه الأنثوية، أتذكر جيداً تلك اليد النجسة التي تسللت من جانب نافذة الميكروباص لتتحسس صدري! نعم صدري وأنا لم أكن أكملت الاثني عشر عاماً، لألتفت فأجدها يداً لرجل كهل أكل الشيب شعره، يومها لم أصمت قط، نعم لم أصمت وصرخت فيه باكية، وعندما سألني السائق ذو اللحية السوداء الطويلة عما بي، أجابته براءتي «الراجل ده مش محترم.. قليل الأدب يا عمو» رد عليّ بمنتهى الهدوء «اقعدي على حرف الكنبة يا حبيبتي»، ثم انضم لباقي الصامتين بالعربة، ليبقى صوت القرآن فقط الخارج من المذياع، فكرت حينها بترك العربة والنزول وإكمال طريقي من المدرسة للمنزل، ولكنني تذكرت أن الطريق طويل وليس معي 2 جنيه لركوب عربة أخرى، فصمت، ولكنني كنت خائفة طيلة الطريق، أتنهد جالسة بمريلة المدرسة والذيل حصان! حقاً ما كان بي حينها بُثبر غرائزه، لم أعلم إجابة تلك السؤال قط حتى الآن، نزلت من العربة واتخذت شارعنا جرياً حتى وصلت إلى منزلنا، وانفردت بأمي بغرفتي وحكيت لها منهمرة الدموع، صمتت ثواني ثم سألتني «في حد من زمايلك في المدرسة كان راكب معاكي» هززت رأسي مجيبة بالنفي، فأخذت نفساً عميقاً، ثم ذهبت لتكمل إعداد الغداء، فكان أهم مني حينها، أتذكر دخولي الحمام وغسلي لجسدي بمنتهى القسوة حتى التهب؛ على أمل تنظيفه من قذارة يد ذلك الشايب، أتذكر عدم ذهابي للدروس يومها، ومكوثي على السرير باكية حتى غلبني النوم، كل ذلك يدور في عقلي وفي ذهني، أقول لا لن ينتهي بي الأمر باكية

على السرير، لا لن يتخللني الشعور بالرخص من جديد، نعم فمن تصمت على مس أحد لجسدها بتلك الطريقة، ما هي إلا رخيصة في نظري، أخرني من كل هذا التفكير صوته الحقير وهو يرد على أحدهم «راجل ايه.. هي دي لو أبوها راجل كان ينزلها باللبس ده»، فقذفت يد السيدة من على كتفي، ومشيت نحوه أسبه بأعلى صوت، وسببته ولم تختلف جملتي «يا قذر.. يا سافل.. يا حيوان»، وفي المقابل سبني هو بألفاظ لم أكن أعرفها، ولا حتى أعرف معناها حتى الآن، ولكنها كانت تبدو مهينة وحقيرة غاية في الحقارة، كان جالساً يشرب سيجارة وحوله لفيف من الذكور، حرصت على ألا أقترب أكثر فسيضربني من جديد، ولن يحميني أيّ منهم، فهم مجرد متفرجين، واقفين لمجرد التسلية فقط، أخرجت هاتفي وصورته فيديو، لم يكن ذلك لأي سبب سوى لتهديده، فشعرت لتوي أن كرامتي قد قُتلت، فلم أجد سبيلاً سوى هذا، رغم أنني لم يكن بمقدوري فعل أي شيء بهذا الفيديو الحقير، فما ستفعله ابنة عامل بسيط بفيديو كهذا، لا شيء! ولكنه لم يطق ذلك، واقترب وطاح بي وأمسك الهاتف وألقاه على الأرض عدة مرات حتى تفتتت شاشته وأنا ملقاة على الأرض، وفجأة ظهر رجلان من رجال الشرطة، لا أعرف رتبتهما، وبدآ يسألان عن سبب التجمع، أخذاني إلى غرفة استراحة المرور القابعة أمام محطة مترو حلوان، حاولا تهدئتي في بادئ الأمر، ثم بدآ سؤالي عن السبب، وشرحت في بكاء ونزيف من أنفي لا أعلم سببه، هل الصفع على خدي أم ضيق نفسي، في كل مرة يدخل رجل شرطة مختلف ويسألني عن السبب، وسمعتهم «يتودودون» على أنه أمين شرطة، لم تمر ربع ساعة حتى دخل عليّ أحدهم، وقال في نبرة هادئة «هيدخل دلوقت

يعتذرلك»، انتفضت من تلك الكلمة، ورددت عليه «اعتذار أيه!»، فرد «خلاص هيدخل دلوقت وهيزأه قدامك، وأمسح بيه الأرض، أهدي»، «لا..... أنا عاوزة أعمل فيه محضر»؛ فشلت كل مساعيهم للحل، كان أغربها عبارة أكبرهم سناً لي «ده زي أخوكي»، لولا ملامحه الجادة لظننته يمزح! طلبوا مني انتظار حضرة الضابط، وبالفعل جاء وطلب مني البطاقة الشخصية، وسألني عدة مرات متأكدة من رغبتك؟ وأنا أجيب بثبات لا أعلم مصدره «نعم». ركبت معه عربة الشرطة كانت كالميكروباص تماماً، شعرت بعدم الثبات، فلم أعد أتحمل استكمال الموضوع وحدي، فاتصلت بأمي ولم أخبرها بأي شيء سوى أنني متجهة إلى قسم أول حلوان، وبالفعل صعدت مع الضابط للدور الثاني، حينها تملكني الخوف أكثر، فأول مرة أدخل مثل هذا المكان في حياتي، أدخلني الضابط لحضرة الباشا، هكذا كنت أسمعه يناديه، ولكنني لم أكن أعرف رتبته، وعلمت فيما بعد أنه لواء، لأول مرة أعرف أن تحرير محضر يستدعي تدخل لواء! كان لطيفاً جداً معي، فكانت مهمته أول ربع ساعة تهدئتي، وطلب من الساعي جلب زجاجة من البيبسي لي، ومن ثم طلب مني أن أشرح له ما حدث تفصيلياً، وقد فعلت بشيء من التوتر، وعلمت من كلامه أنه كان يعرف كل شيء قبل دخولي من الضابط، وفجأة أمر عسكرياً بإدخال ذلك «الدني»، وعندما دخل ظل ينكر وأنا أكذبه، حتى صرخ فينا اللواء، ووجه كلامه «للدني»: «اخرس يا كلب.. أنت سايب ورديتك في قسم مايو ورايح تتلزق قدام المترو.. ليلتك سودة»، رغم طبقة صوته وملامحه التي أرعبتني، إلا أنني شعرت بشيء من الاطمئنان، سأسترد حقي لا محالة. أمر اللواء بإخراج

العسكري «للدني» ومكوثه في الخارج، ومن ثم نظر لي في ابتسامة «مشربتيش البيبسي ليه.. بصي يا حبيبتي أنتي زي بنتي.. أنتي عارفة بنتي بتلبس زيك كدة، هو بس إلي من بيئة قذرة، أوعدك إني هجبلك حقك، بس موضوع المحضر ده صعب، أنت طالبة في كلية إعلام مش كده! يعني أكيد عارفة الصحافة هتعمل أيه، وهتقول أنه عضو من الشرطة اتحرش ببنت، يبقى كل الشرطة وحشة، خصوصاً أنه إحنا أول حكومة بعد ثورة 30 يونيو، وأكيد أنت مترضيش ده.. صح؟» لم يستمر صمتي طويلاً، ودخل العسكري وأخبره بأن والدي بالخارج، فسمح له بالدخول، وشرح له اللواء الأمر بغير تفاصيل، ولن يفرق الأمر كثيراً، فقاطعه والدي «طبعاً يا باشا محضر أيه.. بس أحنا واثقين أنه أنت هتجبلها حقها»، لم يتوجه والدي لي بكلمة، ولكنه كان ينظر لي بتوعد فهمته جيداً، أنظر لساعة الحائط فقد كانت الواحدة ظهراً، خرجت مع والدي بعدها بـ 10 دقائق، ونظراته لي كلها وعيد؛ تذكرت أنني أرتدي البنطال الذي أمرني ألا أرتديه أبداً، تذكرت صراخه وهو يقول لأمي «بناتك لو شفتهم لابسين بناطيل زي دي هسود عشيتهم وعيشتك»، فسمعت من نظراته صوت الحزم، ضاع الامتحان ومعه كرامتي؛ لمَ لمْ أتركه يتحسسني مثل من قبله؟!

عرائس المولد شقراوات..
عرائس المولد لا تُشبهني

أذابت السكر في الشربات وقسمته على عشرات الأكواب البلاستيكية، وأسقطت في كل كوب نصف موزة، ووزعتها بيدها على أهل قرية كفر عوض الله حجازي، فتلك عادتها السنوية منذ أن تزوجت هنا، وأصبحت من سكان القرى، ولكن الغريب هذا العام أن سكان الكفر ينعتونها بـ«الحاجة»، وهذا اللقب لا يرتبط بحجاج بيت الله كما في لفظه، ولكن له معنى آخر، معنى يشير إلى العجز، وهي التي لم تمر بشبابها حتى! صعدت دارها الخاوي غاضبة، دخلت دورة المياه، وخلعت المنديل من على رأسها، وأخذت تُحدق في ملامحها، لم تظهر تجعيدة بعد! لم تجد شعرة بيضاء تفلت بين شعرها، خلعت ملابسها قطعة قطعة لعلها تستدل على سبب عجزها الذي اتفق عليه أهل الكفر، حتى وجدت ما أسقطها أرضاً ودفعها للبكاء، شعرة بيضاء وسط شعر عانتها الأسود، هل يشيخ شعر العانة؟ وهل يمكنه أن يشيخ قبل شعر الرأس، ولِمَ شاخ بتلك السرعة؟! فلا زالت تذكر ملامحها الطفولية في أول مرة أتت لتلك القرية، كان في المولد النبوي أيضاً، لم يكن الأسبوع في قرية عوض كأي أسبوع عادي تقضيه في القاهرة في كل الأشكال، لا طعام القاهرة هو طعام البلد، ولا الجلسة هي الجلسة، ولا السرير هو السرير، ولا حتى الرفقاء هم الرفقاء في اللعب؛ فزينب وشروق ابنتا عمها لا تتساويان عندها بمائة صديق

من عيال مصر، لم تكن تعرف ما ينتظرها، بعد السلام والأحضان سألت جدها عن جدتها التي وعدتها بعروسة المولد، أخبرها جدها:

– بالدور الرابع.

قام والدها ليصعد لأخيه، وعندما قامت لترافقه رفض جدها:

– انتظري هنا مع أمك سينزلون بعد قليل... والدك سيصعد ويخبرهم بوصولك.

انتظرت فاطمة دقيقة وأخرى، ولكن فضول الطفلة داخلها لم يرد الانتظار أكثر، فادعت اللعب على السلم، وبعدما أغلقت باب الشقة على عمها وأمها وجدّها، هرعت لشقة عمها الأصغر، وطرقت على الباب، ليفتح لها والدها ويصرخ فيها فور ما رآها:

– لم صعدتِ إلى هنا؟

كانت تلمح جدتها التي ردت على والدها:

– دعها تدخل يا أمين.. تعالي يا فطوم.. أفتقدك.

تحولت ملامح فاطمة كلياً، فذهبت الدهشة والإحراج عنها إثر صرخة والدها فيها، وأخذت الابتسامة تتفتح على وجهها وهي محتضنة جدتها وزينب، وسألتهما عن شروق.

أخبرتها جدتها «مريضة»، وعندما طلبت الدخول إليها أخبرتها «الدكتور معها بالداخل.. انتظري ليخرج».

انتابها القلق على رفيقتها وابنة عمها، فرغم حبها لزينب إلا أن

شروق هي الأقرب لقلبها؛ ربما لأنهما تتشاركان نفس العمر والسنة الدراسية وحبهما لنفس الألعاب.

ظلت منتظرة حتى خرج رجل يرتدي جلباباً سمنياً وشالاً أبيض حول عنقه، ألقى التحية على والدها، وكاد يخرج حتى ندهت عليه جدتي:

– انتظر يا أبو محمود سنكشف على فتاة أخرى.

كانت تنظر لها جدتها وكأنها تتحدث عنها، دخل الرجل الغرفة التالية المجاورة للغرفة التي خرج منها، وجلست فاطمة على مقعد بالصالة وهي ولأول مرة ترى والدها يناطح جدتها، ورغم أن أصواتهما كانت خافتة سمعت والدها يقول:

– لكن أمها ترفض ياما... دعيني أنزل أقنعها.

حينها سحبت جدتها يد والدها وتعالى صوتها، فأصبح واضحاً فصرخت فيه:

– اجلس مكانك.. ماذا أتخشاها؟.. أتخشى بنت مصر؟ هيا احملها وادخل الغرفة.

لم ينصت لها أمين وكأنه تسمر في الأرض، حتى نادت الجدة زينب وأمسكت يد فاطمة وأخذت تتجه للغرفة التي دخلها عم محمود، حينها دخل أمين معهم، فور دخولها طلبت منها جدتها كشف ملابسها، تفاجأت فاطمة «ماذا؟ رجل غريب ووالدها وزينب وجدتها لِمَ!» لم تأخذ وقتها لتفهم حتى قال لها الرجل:

- هيا يا حبيبتي كوني لطيفة كابنة عمك، فلن تشعري بشيء.

بكت وبكت وبكت ولم يسمعها أحد؛ فأمسكوها كالبهيمة المريضة التي لم تقوَ حتى على النزاع أو الفتك من قبضتهم، كيف لها أن ترى ابنة عمتها وجدتها يمسكان بها لرجل غريب يقتطع جزءاً من جسدها، ووالدها يقف بطرف الغرفة لم يحركه نداءها وتوسلاتها «ساعدني.. سيقتلونني ساعدني.. لم أرتكب خطأ لهذا».

ظلت تصرخ وتتوسل حتى غابت عن الوعي، وعندما أفاقت منحتها الجدة عروسة شقراء لا تشبهها، ولا تشبه فتاة من فتيات القرية، وقد ألقتها على قضيب القطر قبل عودتهم للقاهرة، مر عليها أسوأ يوم كانت تعد فيه الساعات بالدقائق والثواني حتى تعود، ومن يومها لم ترد الذهاب للبلد، من يومها وهي كرهت جدتها وابنة عمها، من يومها لم تتمكن من التعامل مع والدها بشكل طبيعي، كرهت خنوعه، بل كرهت نفسها، كرهت كونها فتاة، ولكنها ذهبت للمرة الثانية، وكانت تلك زيارة دائمة لم تعد بعدها للقاهرة، ولم تكن مصادفة أن تكون الزيارة بالمولد النبوي، فلقد أعدت لها زوجة عمها لأسبوع كامل، وحاولت فاطمة تعديل صورة هذا الكفر في نظرها ليتم الزواج فور ما رأت ذلك الشاب الوسيم مصطحباً والده حاملاً عروسة مولد صهباء لا تشبهها، ولا تشبه إحدى فتيات الكفر، أو حتى القاهرة، لكن وسامته جعلتها تتغافل عن هذا، ووافقت وحاولت يومياً أن تحب عروستها، لكنها لم تستطع حتى يوم كتب الكتاب، لتكتشف أن عريسها هو ذلك العجوز الذي لم ترمقه بنظرة حتى وهي تراقبهم من خلف الستائر، وافقت، سواء بزنّ من زوجة عمها وقبلها

أمها لتخطيها العشرين عاماً دون زواج، وافقت ولم تتوافق مع تلك العروسة أبداً، فألقتها بعد أسبوع من امتلاكها لها بترعة الكفر، مات عوض زوجها، وكبر ابنها وسافر للعمل في القاهرة، بل وتزوج منها، وكانت تلك هي رغبة أمه أن يجد عروسة تشبهه.

نهضت فاطمة وارتدت ملابسها من جديد، لا، فلا زالت شابة لم تتخط الأربعين، وعهدت أن من ينعتها بـ«الحجة» مرة أخرى ستسوّد عيشته، رسمت على وجهها ابتسامة رغبت في ألا تظهر غير لابنها وزوجته وحفيدتها الصغيرة فور ما سمعت صوتهم يصعدون، احتضانها حفيدتها وقبل أن تسألها عن أحوالها أو يتبادلا بضعة قبل، ناولتها الحفيدة عروسة مولد، وأخبرتها أنها أرهقت هي ووالدها حتى يأتيا لها بعروسة تشبهها، فتحت فاطمة العروسة لتجدها عروسة قصيرة وسمينة وبشعر فضي، ربما حقاً تلك أول عروسة تراها تشبهها.

في رحاب السيدة

لم أتمكن من أداء صلاة الظهر بعد أربع محاولات؛ ففي أول ثوان في السجود أشتم رائحة السجاجيد، أشعر بالغثيان، وأسأل نفسي كيف تتمكن كل هؤلاء السيدات من الصلاة في مثل تلك الرائحة؛ تبحث عيناي يميناً ويساراً؛ لم أجد من بقربي يسجد على مُصلية؛ قررت القيام والبحث عن أي ساتر يحول بيني والسجاد، ذهبت لآخر المسجد لأجد ما كنت أتمنى رؤيته؛ سيدة من مصابي متلازمة داون سمينة بعض الشيء؛ أو ربما الحمل هو ما أظهرها هكذا؛ مُرتدية بيجامة؛ وعلى وجهها علامات وآثار جروح متراكمة؛ وكأن قدميّ قد تسمرتا؛ أسئلة كثيرة ويبدو أن أي إجابة عنها مروعة؛ لم أكن أعلم أن شكلي واضح جداً وأنا أتفحصها وهي نائمة؛ أو ربما مستيقظة وتأخذ قسطاً من الراحة؛ حتى نبهني صوت من الخلف «يا أستاذة.. يا أستاذة» لمحت أربعينية جميلة إلى حد ما؛ ظننت أنها تحتاج المساعدة؛ وأنا أعرف هذا الصنف جيداً؛ وفي داخلي أقول «لو هما آخر ناس في الدونيا عمري ما أدي شحاتة»، بالإضافة إلى أنني لم أكن أملك حينها إلا أجرة مواصلاتي، بالكاد ظللت واقفة وتستمر في ندائها؛ نظرت لها وجدتها تشاور لي بالاقتراب؛ ترددت ولكن وجود العشرات في المسجد حينها طمأنني بعض الشيء، اقتربت منها فوجدتها تحدثني في خفوت «متقربيش منها.. لو صحيت ولقتك بتبصلها هتديكي بشلة

في وشك» يبدو أنها لمحت السؤال على وجهي، ووجدتها تقول لي «لا دي أنصح مني ومنك.. متخافيش ليها، خافي على نفسك منها»، لا أعلم إن كانت بيئتي الصحفية هي التي تطرح الأسئلة، أم هو فضول السيدة الذي خلق معنا، وأصبح من أعمق صفاتنا؛ سؤال يطرح، سؤال تسأله تعابير وجهي، وتجيبه تلك السيدة التي تدعى نرجس؛ لم تمر دقائق ووجدت العامل بالمسجد يدخل ليصحي عشرات السيدات النائمات بتصفيقة بجانب آذانهن «أومو أصحو الساعة بقت واحدة الظهر.. متودونيش في داهية قومو»؛ يبدو أن هذا المشهد اعتاد عليه كل الزوار الدائمين إلا أنا وبنت أخرى تبدو في أواخر العشرينيات.

فجأة جذبت نظري تلك السيدة العجوز التي تنال إعجاب وحب الكل، حتى العاملين بالمكان؛ تدخل وهي تمدح بالذكر الذي يجذب جميع المُصلين؛ لم يكن صوتها جيداً إطلاقاً؛ ربما هو الإيمان الذي دفعهم للإعجاب بأي شيء له علاقة به؛ كانت مرتدية جلباباً أبيض أعتقد أنه للرجال، وكذلك قبعة خضراء، وكان يشاركها هذا اللباس أربع أيضاً أو ربما خمس من السيدات بالمسجد؛ فجأة جلست على كرسي أبيض، وتوقفت أعين الحاضرين عن النظر لها، إلا أنا؛ ربما لأنني لم أرَ ذلك المشهد من قبل؛ كانت تضع يدها فوق رأس فتاة ثلاثينية وتقرأ عليها شيئاً وأمها بجانبها؛ عندما سألت عمّا تفعله أخبرنني أن تلك الرقية الشرعية، رغم أن هناك لوحة بعرض المسجد مكتوباً عليها أنها ممنوعة؛ فجأة يدخل العامل، وينبه السيدات في صوت عالٍ «لجنة لجنة لجنة يا حجة قومي متودونيش في داهية»؛ تلمح عيناه تلك السيدة؛ لا أعلم لماذا شعرت أنني أود تحذيرها، ربما

هو إيماني أنا أيضاً؛ لا أعلم، ولكن سرعان ما شعرت بسذاجتي عندما وجدته يقترب منها، ويلقي عليها التحية، ويطلب منها الدعاء له.

تدخل اللجنة التي اعتقدتها لجنة فحص، أو كأي لجنة حكومية؛ كانت مكونة من أربعة رجال دخلوا جميعاً لإخراج صندوق التبرعات من المسجد؛ أخرجوه ولم يكترثوا لأي شيء آخر؛ ولا حتى هذا الرجل المشكوك في أمره الذي اختبأ أول ما دخلت اللجنة، والغريب أن السيدات الأربع المرتديات العباءات البيضاء، هن اللواتي تسترن عليه، وكأنهن صنعن ستار كذا طبقة حتى كونت مصلية تمنع تلك الرائحة العفنة النابعة من السجاد؛ ومع بدء صلاة العصر، وجدت نفسي آخر المسجد من الخبط والازدحام، لم أستطع السجود على منديلي، فأصبح يبعدني إياد متر، أو ربما أكثر، خرجت ولم أستطع الصلاة، لآخذ حذائي من الرجل الذي يقبع أمام المسجد؛ ولكنه طلب 5 جنيهات، وفي داخلي أقول «دانا مصلتش بيهم حتى»، أفتح حقيبتي لأجدها خالية من «البُك»؛ اتفزعت فأفرغتها كاملة على منضدة الرجل، لم أجد حتى هاتفي المحمول! سمعت مَنْ خلفي يقول لي «ربنا يعوض عليك.. أبقي خلي بالك من حاجتك»، وآخر «روحي اعملي محضر»، ليرد الأول «محضر أيه! يعني هما الناس الي عملوا محاضر عرفوا يجيبوا حاجتهم.. ربنا إلي بيعوض يا رأفت»، كانت تلك آخر مرة تخطي قدماي مسجد السيدة زينب؛ ربما هي تعلم كم أحبها، ولكن لم تكن في قدرتي رؤية تلك المشاهد مرة أخرى.

ما فعله الأعمى بالأبكم

في مكان ليس بمكاننا، وبزمان لم يمرق علينا بعد، يجلس العمدة على مقعدته على الأرض، في شرفة داره بالدور الأول والأخير، ناظراً للسماء تارة، وهو لأول مرة يشهد غياب القمر ونزول الشمس على قريته، وتارة أخرى تستقر عيناه على الأرض الخاوية حوله، تقع عيناه على كوب الشاي الذي أمامه، ولم يبقَ فيه سوى رشفة واحدة، ينادي على فوزية زوجته التي تجلس بغرفتهم ويغلبها النعاس، فتصدم وجهها موجة هواء من شباك الغرفة توقظها، أو يفعل ذلك صوت العمدة، وهو يطلب منها إعداد كوب شاي جديد، هرولت إليه فوزية، وهي تبذل مجهوداً في فتح عينيها، وشد جفونها رغم ترهلهما، وإخراج مقلتيها منهما، ولقد أبت عيناها الانفراج، واكتفت بنصف فتحة، طلب منها العمدة كوب الشاي العاشر في تلك الليلة القميئة التي تمر ببطء مُخل، اتكأت فوزية على ركبتيها الهشة والتقطت الكوب الفارغ، والتفتت باتجاه الفسحة، ثم تراجعت في تردد، ووقفت أمام العمدة وأخبرته أن الشاي قد نفد، وأن هذا الكوب يحوي آخر ملعقة شاي بالدار، نظر لها العمدة نظرة لم تكن تعلم فوزية أنها في قاموس نظراته، فالعمدة مهما وصل من درجات الغضب تسبق يده لسانه، فلا مجال للصمت وللنظرات الطويلة لدى رجل مثله، اتجهت فوزية لغرفتها مرتعبة، اليأس عرف حينها عقل العمدة عرفات، وهو لم

يكن يتخلل رأسه حتى سمع جملة فوزية بصوتها الغافي «الشاي نفد يا عمدة»، حينها فقط شعر أن الأمور خرجت من زمام يده، وهو الذي لم يشعر بذلك ثلاثة أشهر منذ ما حلت تلك الغُمة على قريته، فلا غياب السكر من قبله، ولا اللحوم، ولا غياب الدجاج ومرقته في الأكل، فعل فعلته مع العمدة مثلما فعل نفاد الشاي، ولا حتى عندما هاج وماج أهل قريته جوعاً من قبل وصول هذا الحرمان بيته، هياج لم يسمع صوته، ولكنه راقبه في وجوههم حتى عندما وصلته أصوات أهل قريته على ألسنة خفره الذين لم يتحملوا أيضاً بعد شهرين من عدم تقاضيهم رواتبهم، فلم يستطيعوا صبراً عندما منع عنهم العمدة حصتهم من الدقيق التي خصصها لهم منذ أن بدأت الأزمة، وكانت تبقيهم هم وأسرهم في كشوف الأحياء، فلم يتبقَّ سوى ستة أرطال تكاد تكفي العمدة وأهل بيته حتى يجد منفذاً آخر، ليستيقظ العمدة في أحد الأيام ويجد خفره الستة تاركين أسواطهم وملابسهم بدواره، ولقد عَلم بعدها أنهم رحلوا لقرية «إفنا» المجاورة لقريتهم على أمل أن يعملوا لدى عمدتها الذي لم تصل له تلك الخصال، حينها شعر العمدة أنه ينتهي، وأكد مشاعره صوت نحيب ابنه «داود» الذي لأول مرة يبكي أمامه، وهو الذي يخشى الشكوى له، لكنه فعل وهو يمد يده لوالده ليُريه أثر «عضة» عميقة من فم صغير على يده، وزرقة كوع يده الأخرى إثر لكمة يد، وهو ينتحب لوالده بصوت يرتعد «محمود ابن سيد المزين يابا»، وكان اعتاد داود ضرب محمود عند فوزه عليه في لعب «الأولى» بل كان يركبه كالحمار عند فوزه عليه وهو منتشٍ فرحاً بعد إفساده رسمة لعبة الأولى المحفورة على الأرض، ولم يستطع أولاد القرية وعلى رأسهم محمود التفوه بكلمة،

بل كان ركوب ابن العمدة له يُشعره بالفخر ويُرسم الابتسامة على وجهه، أو هكذا كان يبدو وكأنه فخور أن ابن العمدة اصطفاه من دون أولاد القرية ليلعب معه أو به، وكان هذا يمنحه شرفاً ويميزه عن أصدقائه، لكن كيف تملكته الجراءة وأغواه التبجح! بالتأكيد بعدما أغوى أهله كباقي أهالي القرية، خاصة بعد ما رحل الخفر وبقيت أسواطهم طريحة دوار العمدة، وإن شعر العمدة أن أمره قد انتهى في هذا الوقت، فلقد تأكد له شعوره هذا عندما اكتشف أن الشاي قد نفد من بيته، كيف سيفكر من دون كوب شاي؟ كيف سيعمل رأسه الكبير دون رشفاته الثقيلة؟ فإن كان هناك أمل في حل، فلن يتخلل عقله دون هذا المشروب السحري الذي هو ليس بالنسبة له عادة، كما يعتبره أهل قريته، بل دواء لعلاج نوبات تفكيره التي لم تحل عليه سوى منذ ثلاثة أشهر، ثلاثة أشهر فقط! عندما زاره مدير الإقليم لأول مرة ضمن جولة قام بها البيه لكل قرى الإقليم، لتفقد أحوال الأهالي، وهو الذي لم يقف ترومبيله سوى أمام دار العمدة، وبعد الترحيب به بمنضدة غنية بالوجبات الثقيلة، وكافة أنواع اللحوم التي خلقها الله، وعند ركوب البيه مدير الإقليم سيارته استعداداً للرحيل أخرج رأسه بطربوشه ودعا العمدة إلى فرح ابنته الذي سيقام بعد أسبوع، أخذت العمدة العزة وعدل من طربوشه، وهو يسير خلف عربة البيه، داعياً الله له ولأهل بيته حتى اختفت العربة التي لم يستطع ملاحقتها، ورغم شعور العمدة بالفرحة التي يغلب عليها الفخر بدعوة البيه له، إلا أنه لم يرها سوى دعوة واجب، فأي شرف سيلحق البيه بحضور عمدة قرية كتلك لفرح ابنته! الفرح الذي لا بد أن يُشغل مقاعده بشوات وبهوات مثله تماماً، ومنذ ذلك اليوم لم تلمس عربة تعاونيات الحكومة

التي تحمل الخير لأهل البلد كل شهر أرض القرية، وعندما سأل العمدة عن السبب أجابوه أنه مشكوك في أمره، وأن هناك شكاوى تتهمه ببيع زواد الجمعية المخصصة للأهالي بالسوق السوداء، وصحيح أن العمدة يفعل ذلك، لكنه ليس بذلك المقدار من البجاحة ليبيعها كلها، فيكتفي بترحيل نصفها فقط لدواره استعداداً لبيعها للتجار، والنصف الآخر يُصرف للأهالي، وكيف تصدر شكوى عليه ولم تصدر على عمداء القُرى المجاورة، خاصة قرية «إفنا» الذي يبيع عمدتها الحاج قناوي ثلاثة أرباع محتويات العربة، تاركاً الربع فقط للأهالي، وصحيح العمدة يسرق، ولكنه ليس حرامياً بجحاً كبيراً كعمدة قرية «إفنا» وعُمد معظم القرى المجاورة لهم، وإن كان بجحاً فهو ليس أبله، ثم من يستطيع الشكوى من العمدة، بل ومن سيسمع شكوى هؤلاء الذين لا يُشبع بطونهم شيء؟ وكيف يصدقهم ويشك في العمدة؟ وكيف يجرؤون على إخبار مدير الإقليم أنهم لم يُصرف لهم المعونة منذ ثلاثة أشهر، حتى يدفعوا مدير الإقليم لزيارته تلك الزيارة التفقدية على القرية ليتأكد من براءة ذمته! تلك الزيارة غير المعتادة المهينة له ولشرفه؟ كل تلك الأسئلة دارت في رأس العمدة حتى علم من عمدة قرية «إفنا» الإجابة، والسبب المضحك الكئيب كان هو عدم تلبية العمدة لدعوة فرح بنت البيه مدير الأقاليم، وكان الأمر ليس في زيارته نفسها، بل بما كان من المفترض أن يحمله في زيارته؛ فكان لا بد أن «يُنقطه» حاملاً له زيارة مُعتبرة، كما فعل العمدة الحاج قناوي، وأخذ يتفاخر بالعربة التي أرسلها للبيه للقاهرة، مُحملة بأربعة جواميس وبقرة وخاروف وستة أقفاص من الدجاج؛ هذا بخلاف حصة من الزرع الذين حصدوه الموسم الماضي، حينها

اكتشف عرفات أن دعوة البيه له ليست من باب المحبة أو الواجب مثلما اعتقد، كما أنه اكتشف كم هو مغفل وغبي.

دخلت فوزية تسير بخطوات بطيئة مغلقة العينين، على العمدة وهو جالس ويده على خدّه:

– انهض لتستريح يا عمدة.. الشمس ظهرت.. ساعتان وسيقدمون علينا.. انهض لتنامهما؛ لتعرف كيف سترحب بهم.

نظر لها العمدة ونهض فجأة، وكأنها أيقظت بدخولها شيئاً فيه، وذهب بسرعة لغرفته، وفتح السندرة، وأخذ يُخرج منها عباءات زوجته ويلقيها وراءه بعدم اكتراث، وهو يبحث عن شيء ما، اتضحت ماهيته عندما بدأ يظهر بريق ذهب، والتقط كردان فوزية الذهبي، وإسورتها وألقاها في جيب عباءته العميق، التفت العمدة فوجد زوجته خلفه، ولقد لاحظ حينها بريق أذنها:

– ناوليني الحلق.

خلعت فوزية حلقها ووضعته في كفّ زوجها الذي جلس على طرف السرير، واضعاً الحلق بجانبه، وكأن رأسه قد اختلق مشكلة أخرى وتبدو له الأكبر، فماذا عن الخفر؟ ماذا لو أكد على قرار عدم أحقية القرية للدعم لعدم وجود خفر؟ بل ماذا لو سحبوا منه العمودية، وربما لن يخلو ذلك من إحالته لنقطة البوليس! تُعارك الاحتمالات بعضها بعضاً في عقل العمدة، فهل يطلب من رجال من القرية ادعاء كونهم خفراً، أم سيرفضون ويفضحون أمره للبيه؛ لعلمهم بعدم قدرته على دفع رواتب الخفر السابقين الذين هربوا منه، تتلاشى تلك الفكرة

فلم يتقبل العمدة فكرة حبسه داخل أسوار نقطة بوليس القرية لعمر كامل فوق عمره الذي حكمه فيه! ولا أنه يُرفض له طلب من هؤلاء الرعاع، ثم تنطلق في رأسه فكرة تجعله ينهض من مكانه، ويطير منطلقاً للدوار متحدياً سنه الكبيرة، ويهرول كالصاروخ هرولة لا تليق بعمدة، فتح باب الدوار وأخذ يلتقط ملابس الخفر المُلقاة على القش وقشر الأرز على الأرض، ويلمح بعينه الملابس الأخرى بآخر الغرفة، تلك الملابس التي هلكت وملأتها الرقع، فيحملها أيضاً ويجري بها للترعة، فور ما لمح نسوة القرية قادمات نحوه، حاملات أوانيهن التي اعتدن غسلها كل يوم مع نور الفجر، فألقى ملابس خفره بسرعة أمام الترعة، واختبأ بسرعة داخل محصول الدراوة، وهو يراقب نسوة القرية وهن يختطفن من بعضهن بعضاً الملابس في فرحة وفخر شديدين، هرول العمدة لدواره فور ما لمح ترومبيل البيه متجهاً لبوابة داره،، كانت زوجته تقف أمام باب الدار، وفور ما اقترب منها العمدة ألقت له بخبر وصول البيه، وانتظاره له منذ دقائق، اتجه العمدة مسرعاً للدخول، فأمسكت فوزية بذراعه وأخرجت له حلقها الذي نسيه على طرف سريره، فألقاه العمدة بجيب جلبابه ودخل.

يجلس العمدة والبيه على السفرة الخالية من أي رائحة لذفر البروتين، ينظر لها البيه بوجوم وحقارة طيلة الجلسة التي خلت من صوت البيه، ثم نهض البيه دون أن يمد يده على أي طبق من أطباق الجبن والعسل، ويخبر سائقه الذي يقف على الباب بالاستعداد ليبدؤوا في جولتهم لتفقد أحوال أهالي القرية، يميل العمدة برأسه بجانب أذن البيه:

- علمت يا سعادة البيه أن الهانم حماها الله رُزقت بصبي اللهم بارك فيه، ويجعله خليفة لسيادتك.

يخرج العمدة الذهب من جيبه ويمد يده به للبيه:

- أقسم لك أنه يستحق الدنيا بما فيها، لكن الإيد قصيرة زي ما سعادتك لاحظت.

شقت وجه البيه نصف ابتسامة ظهر فيها جانب من أسنانه وهي الأولى منذ أن دخل القرية، ولقد بادله العمدة إياها، ينادي البيه سائقه ليحمل ما في يد العمدة ويضعه بالسيارة في عدم اكتراث زائف.

ينهض البيه ويسير العمدة خلفه:

- بدري كتير يا بيه.. شرفنا ساعة كاملة حتى!

أين الخفر؟

تمحى في وهلة الابتسامة المصطنعة على وجه العمدة:

- بالخارج يا بيه بالخارج.

يملأ العرق وجه العمدة ويزيله بطرف أنامله من على جبهته اللامعة، وهو يسير خلف البيه خارج الدار، ليخرج البيه فيجد أمامه أهل القرية يقفون في صمت غريب، والرجال أغلبهم مرتدون ملابس الخفر، ينظر لهم العمدة وهو يبلع لعابه، فيصدر صوت اصطدام لعابه بحلقه ويقترب من أذن البيه وهو يُعيد رسم ابتسامته:

- أمرتهم بالحفاظ على أمن القرية، القرية أهم من داري التي لا

تحتوي على أي شيء يُسرق، أو يكون محل مطمع، لكن أهل القرية لديهم ما نحميه.

يبادله البيه الابتسامة وهو يركب سيارته:

– سأجلب الحمارة وسأسير خلف سعادتك نفتل القرية شبراً شبراً.

يتجه العمدة ليجلب الحمارة من دواره، لكن يوقفه صوت البيه الخارج من شباك سيارته.

– لا يا عمدة لقد انتهيت اليوم، ليس هناك داعٍ لذلك.

يظهر على صوت العمدة ووجهه ابتسامة يمنعها حتى لا تتحول لضحكة فيكتمها بصعوبة شديدة، يسير خلف عربة البيه وهو يدعو له ولحفيده حتى تقف السيارة فجأة، ويلحقها العمدة، ليخرج البيه نصف رأسه من الشباك:

– أخرج غفرك لينتظروا على أول القرية غداً، ستنزل لهم عربة المعونة.

تزداد الدعوات له وتتعالى وتختلط مع أصوات دعوات أهل القرية الذين لم يسمعوا ما قاله البيه، ولكن فتنة أهل الأرض قد أخبرتهم أو استنتجت، وظلت الدعوات تسير خلف العمدة حتى اختفت عربته عن أعينهم تماماً.

يذهب العمدة ويقف أمام داره وأمامه أهل القرية الذين حاوطوه منتظرين خبراً ما عرفوه من قبل، تلتفت عين العمدة من رجل لآخر،

لا ينظر لملامحهم بل لأجسادهم، يفصلها تفصيلاً بطريقة استنكرها الرجال ونسوتهم، وأخذوا ينظرون لبعضهم بعضاً، ثم يشاور العمدة بسبابته على أربعة رجال أشداء البنيان:

– لقد عينتكم من تلك اللحظة خفراً لي.. اذهبوا ارتدوا ملابسكم المُلقاة بالدوار، وأمسكوا بأسواطكم، لكن قبل أن تذهبوا أود منكم أن تجمعوا هؤلاء الكلاب الذين سرقوا ملابس الخفر من دواري، ولبجاحتهم يرتدونها في القرية، علموهم كيف يدعون أنهم خفر القرية، وكيف يجرؤون على دخول دواري.

تهيج أصوات أهل القرية ويرتفع صوت نسوتها لأول مرة، وهن يقسمن بشرفهن أنهن وجدنها أمام الترعة، ويقف العمدة ويبحث في وجوههم عن شيء، وكأنه لا يسمع أصواتهم ويحاوطه رجاله الأربعة وهم يزيحون أهل القرية الذين يحاولون الاقتراب من العمدة، تقع عين العمدة على محمود المزين وكأنه وجد ما يبحث عنه، فصاح في خفره:

– أمسكوا هذا الجحش أولاً، وابنه القرد الذي لا يعرف معنى التربية، فربوهما كليهما من جديد.

دخل العمدة داره وهو يحتمي برجاله، وفور ما أغلق بابه الخشبي عليه وجد فوزية تنظر له وكأنها تنتظر منه قول شيء ما، لكنه لم يعرها اهتماماً، وكأنه لا يراها، بل لم يرها فعلاً، فلقد كانت الأفكار تتشابك في رأسه من جديد، لكنها ليست كتلك قبل مجيء البيه، بل أفكار جديدة، جديدة على عقله تماماً، وهو الرجل الخمسيني الذي

ظن أنه عرف كل شيء عن كل شيء، خاصة في الحياة التي مرت عليه بصعوبة، فاكتشف لتوّه أمرين في الحياة، لا تسير الحياة بدونهما؛ الأول أن على المرء ألا يضيع أي دعوة من دعوات البيه مدير الأقاليم، حتى ولو كان ختان ابن بنت البيه، والثاني أن المرء لن يستطيع حل أزماته إلا عندما ينفد الشاي من داره، وحينها فقط ستنطلق الحلول من رأسه كالبارود.

الفهرس